外食ビジネス人材活用 15のポイント

人手不足は仕事の「見える化」で解消！

フードビジネス人事労務総合研究所所長
中武篤史

同友館

まえがき

「働き方改革の時代」に 飲食業として向き合うべきこと

　まず最初に、私が元々関わっていた大好きな飲食ビジネスだからこそ、そこに携わる経営者の皆さまに真っ先にお伝えしたいことがあります。
　それは「**採用費を使いすぎているところほど、事業がうまくいっていないケースが多い**」ということです。
　このようなことをお伝えすると、決まって「そりゃ、採用費、かけたくはないけど、人がいないのに、どうしようもないじゃないか」という答えが返ってきます。
　特に、昨今の人手不足は飲食業界を直撃しています。とにかく人手がほしい。その為には採用、という動きもわからないではありません。しかし、採用費をどんどんかければ、いい人はたくさん集まってくるかと言えばNoです。昔はそれでも採用できたのかもしれませんが、今や時代が変わっているのです。皆さまもなんとなくそれは気づいていることでしょう。
　では、なぜ、採用費をかけてもかけても、働く人は自店、自社に働きに来てくれないのでしょうか？その理由は簡単です。自店、自社に魅力がないからです。ですから、お金をかけるべきなのは、自店、自社への魅力づくりに対してなのです。
　私がこれまで見てきた中では、うまくいっていないお店、会社ほど、「採用費」に莫大なお金をかけており、自店、自社の魅力を磨き上げるところにはお金を使いません。なぜなら、魅力をアップさせても

すぐに効果を感じ取れないのと、何をやったらいいかが分からないからではないでしょうか。
　では、「魅力づくり」について、何をしていけばよいのでしょうか。考えることはたった一つ、
　　「今、働いている人の顔を『心からの笑顔』にできているか？です」
　今いる人たちが魅力を感じる環境であれば、新しい人たちにも魅力を感じる環境になります。魅力アップを図っていないのに人をどんどん採用しても、それは、ざるに水を入れているようなもので、結果としてお金を垂れ流すことになってしまいます。
　私は、長年、飲食業の現場で勤務し、営業の統括として3000人の部下を持ち、その人たちとともに成長してきました。その後、人事部門の長として、「働きやすい職場とは何か」と考え、行動してきました。会社を辞めた後も、飲食業がわかる人事労務コンサルタントとして、多くの顧問先の社長様と共に喜びも悲しみも分かち合ってまいりました。
　その経験と、中小企業診断士、社会保険労務士としての経営、人事労務の知識を活用し、飲食事業において人を使って仕事をするための環境整備－働く人の『心からの笑顔』を得る唯一のやり方を模索し、実践してきました。
　いくつかの対策については、回りくどいと感じられるかもしれません。ですが、即効性のある人事施策は副作用も大きく、長く続けることができません。1週間限りのイベント出店のような時限的店舗経営ならともかく、高いコストを払って店舗を構え、腰を据えて経営するなら、その場限りの近視眼的な人事施策は意味がありません。
　魅力的な「場」を創り、そこで経営者・スタッフを含めた「人」が育ち、その人々が「場」をさらに彩り豊かにし、新たに人を引き寄せる…創ること、育てることには時間がかかります。
　時間がかかるということは、どこかで方向性を間違えてしまい気付

まえがき 「働き方改革の時代」に飲食業として向き合うべきこと

かないまま進んでしまうと、取り返しがつかなくなることも示唆しています。
　本書では、1年後に成果を出すことを目指しながら、その過程の節目で方向を間違えないようチェックすべきポイントも示しています。
　読んでいただく中では、皆様が知っている話も書かれていると思います。しかし、「知っている」と、「できている」は違います。それがきちんとできているかをチェックしながら読み進めていただくことで、事業の発展に寄与できればこんなにうれしいことはありません。

本文中掲載の図表のうち帳簿類に関するもので、図表ナンバーのあとに★マークのついているものは、データをプレゼントします。詳しくは巻末193ページの「プレゼントのお知らせ」をご参照の上、指定のアドレスまでアクセスして下さい。

外食ビジネス人材活用15のポイント
人手不足は仕事の「見える化」で解消! 目次

まえがき 「働き方改革の時代」に飲食業として向き合うべきこと……3

第1部
店の「体幹」アップが持続した成長に結びつく……11

- ホワイト化でちゃんと稼ぐために……12
- いい人を集めて運用していく……14
- 成功している店は"体幹"が鍛えられている!……17

第2部
飲食店経営に必須の成長戦略15のポイント……19
〜従業員にとって働き甲斐のあるお店がお客を呼ぶ!〜

【採用】労働力を確保するために

ペニービジネスの業界で、どうやって優秀な人材を採用するか……20

- ✥ 実は、ハローワークを活用すると採用効率がよい……20
- ✥ 0円の費用でスカウティングもできる!……21
- ✥ 採用は、会社の特徴を出して告知する……22
- ✥ ハローワークで、店のブランディングができる!……24
- ✥ 会社や店の魅力を見直してみる……25
- ✥ 0円投資で7人採用ができた!……26
- ✥ 伝えたいことを全て書き込む……27
- ✥ 採用テストで「向き、不向き」を判断……28

Point 2
パートタイマーという働き方はなくなる？ ……29
- ◆ このままではお店で働く人がいなくなる？！……29
- ◆「短時間正社員制度」を活用する ……32
- ◆ 採用＋離職の防止に効果あり！……36

Point 3
外国人も貴重な戦力になります ……39
- ◆ 外国人を活用するときの注意点 ……39
- ◆ 日本の常識は世界の非常識 ……40
- ◆ 国が違えば文化も違う ……42

【運営】働き方改革に対応するために

Point 4
根性論だけでは解決できない長時間労働 ……44
- ◆ 働く人がいないから長時間労働になる ……44
- ◆ 業務を他社に投げてみる ……45
- ◆ 調理器具を進化させる ……47
- ◆ 業務を標準化する ……48
- ◆ 働く人の意識付けで生産性は変わる ……49

Point 5
メニュー、原価、帳票の三種の神器がいいビジネスモデルを作る ……51
- ◆ サービス機能＋メーカー機能＝飲食ビジネス……51
- ◆ この帳票類の活用でいいとこ取り……53
- ◆ FLコストを考える……54
- ◆ 調理過程のコストカットでハッピー！……60

◈ ワークスケジュールの確立 …… 63
Colum コラム　売上予算と売上予測は違う…… 66

Point 6
時給を上げても人件費が下がる方法とは？ …… 70

◈「非生産時間」の労働を少なくする …… 70
◈ ムダをなくす徹底した工夫 …… 74
◈ スタッフやお客さんに不都合なシフト …… 79
◈ 事業を長続きさせたければ「新・三方よし」を考えよ …… 81
◈ 気合いと根性では解決できない …… 83
◈ 動作性の見直し方法はこのように進める …… 86
◈ 飲食店にもＩＥ手法やＥＣＲＳを …… 87

【制度】持続的成長性を手に入れるために

Point 7
飲食ビジネスは人を育てることで成長する …… 95

◈ 人は成長がうれしい……等級制度 …… 95
◈ 人は課題があると目指せる……評価制度 …… 100
◈ 効果のある評価で賃金が決まる……報酬制度 …… 101
◈ 会社は「給料を高くもらってほしい」を表現する……教育制度 …… 104
◈ 制度変更を行うときの留意点 …… 106
Colum コラム　教育制度を作る際に理解しておくべきこと …… 109

Point 8
ダイバーシティー（多様な人材を活用する）
プログラムの活用法 …… 112

◈ 多様な雇用形態で働きやすく …… 112
◈ 高齢者など働く人の特性を知る …… 113
◈ 多様性に目を向けると労働力はまだまだある …… 115
◈ 働く人のやり甲斐がロイヤリティーとなる …… 116

Point 9
一度下がった評価のダメージは大きい …… 118
- 「やっちゃいけない」は就業規則で共有する …… 118
- 誰でもわかるハウスルールを作る …… 120
- 事業が成長するとコンプライアンスが要求される …… 121
- 「菊を洗って使い回す」など絶対NG！ …… 122

Point 10
メンタル疾患が発生し続ける制度になっていないか …… 124
- 「会社を辞めたい」と言われたら …… 124
- 「深夜営業が普通」は経営者の認識不足 …… 126
- メンタルヘルスの基礎知識 …… 128

Point 11
安心の労務管理がモチベーションを高める …… 132
- 就業規則に従うのも、まずは契約から …… 132
- ハラスメントは大丈夫？ …… 134
- Colum コラム　あなたはいくつわかりますか？　労務管理クイズ …… 137

【業績アップ】

Point 12
助成金制度を活用して成長しよう …… 140
- "人"は会社の大事な資源 …… 140
- 助成金を利用するなら …… 142
- いろいろある助成金制度（平成30年適用のもの）…… 144

Point 13
多店舗展開はスクラップ&ビルドなしの「しくみ化」で ……146

- ✧ 正社員がいなくても営業できるしくみはできているか ……146
- ✧ 「魚の釣り方」を教えておく？! ……148
- ✧ 3店、10店のカベの法則 ……151

Point 14
人あってのデザインを考える ……155

- ✧ 店にとってのデザイン性とは？ ……155
- ✧ 短い動線が業績アップを生む ……156
- ✧ ファザードは店の顔 ……157

Point 15
メニューの開発、見直し ……159

- ✧ メニューブック作りが店の行く末を決める！ ……159
- ✧ 売上げ＝客数×単価である ……160
- ✧ リピーターをつかむもの ……162
- ✧ 単価FLを抑えたメニューを作る ……164

終章
飲食ビジネスは可能性がいっぱい ……167

付録
中小企業を大きく揺るがす「働き方改革関連法」の概要と飲食業にとっての対策 ……171

第1部
店の「体幹」アップが持続した成長に結びつく

ホワイト化で
ちゃんと稼ぐために……

「飲食業ってブラックな業界ですよね?」
　私の名刺の「飲食業専門」という文字を見つけた人から、よくこんなふうに聞かれます。
「ペニー（日本円で約1円）ビジネス」と呼ばれる飲食業界は、わずかな利益を積み上げていくことが、ビジネス成功の法則とされています。

◎「うまくごまかす」という発想をしていませんか……

　この考えは、当然のことながら労務コストにも向けられ、気がつけば法に触れる行為をしてしまっていたというケースが、いったいどれほど多くあることでしょうか！　たくさんの会社を訪問してきて、あまりのひどさに愕然としたことも数えきれません。
　特に「気合いだぁ！」とばかり、従業員の意欲を過剰にかき立て、自分から何時間でも働きたくなるように仕向ける。そのような手法がまかり通っているのには、怒りすら覚えます。こんなことをやっていたら、いつまでたっても「飲食業界はブラック?」と言われ続けることになってしまいます。
　でも、ブラック経営でないと飲食業は成り立たないなどというのは誤解です。
　私は、長年関西の飲食企業で執行役員として、営業、労務人事の両面からまっとうに向き合い、コンプライアンスを遵守しながら、成

果も結果も残してきました。

　ブラックな行為などしなくても、ちゃんと稼ぐことはできます。ほとんどの企業が、そのやり方を知らないだけなのです。

　そう言っても、「そのやり方は？　どうやったら行政に立ち入られないようにできるの？」などと直球で聞いてくる人もいます。"法を逃れる""うまくごまかす"という発想がベースにある限り、しっかりと業績を上げていく方法などありません。

◎人を育てる「しくみ」ができていますか……

　インチキやごまかしでねじ伏せて何とかしようというのは、一時的には勝てることはあるかもしれませんが、続けられるはずがありません。いつかどこかで、間違いなく破綻します。

　ちゃんとやっていけるのは、「頑張れ」と鼓舞して少しでも多く働かせようとする会社ではなく、人を大切に育てていこうとする会社です。

　人事制度の根幹部分から地道に是正しながら、「人を育てていくしくみ」、「従業員が将来のビジョンを持って働けるしくみ」を構築することこそ、ホワイトに稼ぐ会社になるための王道だと思っています。

　それは、即効で痛みを取るような薬ではなく、全身の働きを改善していくような「漢方薬」かもしれません。

　ちょっとずつ、ちょっとずつしくみを組み立てていくのです。いきなりAからBには変えられませんが、Aを少しずつ動かして、Bにする方法ならあるのです。それをちゃんとやっていけば、うまくいくのです。

　この方法を取り入れ、私が提唱している従業員の教育手法を実践していただくことで、飲食業顧問先の9社は、全社が黒字経営を達成しました。しかも、この1年間で、行政からの指摘もゼロ。ちゃんとやれば、できるのです！

いい人を集めて運用していく

　あなたのお店の休憩室や従業員トイレはきれいで快適でしょうか？従業員の制服や名札などは清潔ですか？
　このようなところを見るだけで、会社のスタンスがわかります。そんな従業員への気配りすらできない会社は、社会に顔向けのできるかたちでまっとうな利益を作り出すことなど困難でしょう**(図1)**。

◇従業員の「働きがい」を重視していますか……

　飲食業界は、「労働集約型産業」です。いい人にたくさん集まってもらって、その人たちに頑張ってもらえる会社になればなるほど、利潤を増やせる業界だと思います。その結果、正統派の飲食事業経営を展開していけることになります。
　にもかかわらず、人を育てたり、やり甲斐を持って働いてもらったりするということを重視しない会社が多すぎます。「人なんて何とかなるでしょ」と、軽く考えていると言ったらいいでしょうか。
　それというのも、飲食業界は参入障壁が低く、経験や知識がなくても、いきなり開業してしまう人がたくさんいます。
　例えば、不動産業やデベロッパーから急に参入してきたり、流通関係をやっていた人がお店を開いてみたり。あまり人の扱いが得意とは言えない業界からの参入で、教育だ、処遇だ……と言われても、その大切さをなかなか認識できないのではないでしょうか。
　でも、飲食業をまじめにやっていこうと思えば、人のことはちゃん

(図1)
こんなお店で働きたいですか？

従業員トイレが汚い

働いてる人の
制服が汚い

名札にタレや
醤油などの
しみがついてる

と押さえておかないといけない重要なポイントです。

◎人がやめない会社にするには……

　特に今、時代の関心は"人"にあると言えます。経営者の人たちも、ようやくそれに気づき始めています。
　正社員と同じように働いているのに、パートタイマーだから待遇が悪い。店が回らないからと、どんどん残業させられる。有給どころか公休すら取れない……従業員に無理をさせるのが仕事だなどと思っているような会社で、誰が働きたいと思うでしょうか。
「先生、いい人採れる方法ないですか。社員がいっぱいやめそうなんだけど……」
　最近、そんな相談をよく受けます。以前なら、「やめてもらってけっこう」で終わりでしたが、今は、そんなことを言ったら働く人がいなくなってしまいます。
　これはまずい、とようやくわかってきたようです。かなり遅きに失した感は否めませんが、それでも、今しっかりと直せば元気になれます。漢方薬を使うように、根本原因をちゃんと改善し、人が元気になれば会社をやめていくことはありません。
　そういうビジネスモデルにしておけば、会社は発展を続けられます。そういう発展モデルをどのようにして作っていけばよいのかをまとめたのがこの本です。

成功している店は“体幹”が鍛えられている！

◎作業の手順をちゃんと伝えていますか……

「ここの掃除は、何とか10分で終わらせろ！」
今まで15分もかかっていた作業を、急にこんなことを言われても、できるわけがありませんね。「頑張れ！　必死でやれば何とかなる」なんてことは無理。何とかなんてなりません。

この道具を使って、この手順で、この最短の動線で……などと10分でできるツールややり方を教えるから「やってください」と言えば、誰でも納得して、必死でやらなくても、ちゃんと遂行できるのです。

そのように、効率のよい動き方や作業の進め方など、ちゃんとしたしくみがないと、人に動いてもらうことは難しいものです。人を活かすことはできません。

◎将来像の「見える化」ちゃんとしていますか……

さらに、もっと大きなワクで考えて、働く人がどうやって頑張れば、自分はちゃんと評価されるのか、処遇されるのか……。

そして、その会社に居続けたら、自分はどうなれるのか。将来が見えるようなしくみがあれば、人はやりがいを持って働くことができます。

飲食業界でも成功している会社は、このような人が活きるしくみができています。というか、活動し続けられるようにしくんであります。

無理をさせなくても、ちゃんと頑張ってもらえるようになっているのです。皆さんの会社、お店はいかがでしょうか。

　働く人たちが元気に活動できれば、会社という身体全体が元気になれます。

　人に動いてもらえるルールやツール、人を活かせるしくみは、いわば会社の「体幹」と言えます。まずは、しっかりと体幹を鍛えることが、ホワイト化で成功するための第一歩なのではないでしょうか。

第2部

飲食店経営に必須の成長戦略 15のポイント

～従業員にとって働き甲斐のあるお店がお客を呼ぶ！～

【採用】労働力を確保するために

Point 1

ペニービジネスの業界で、どうやって優秀な人材を採用するか

◆ 実は、ハローワークを活用すると採用効率がよい

「求人広告を出したのに、全然採用できない」
「ずっと募集をかけているのに、いい人が来てくれない。先生、何とかならない？」

　こんな声を、最近、特によく耳にします。この"働きたい人が集まらない"というのは、飲食店経営者の大多数が抱えている悩みと言えるでしょう。

　"ペニービジネス"といわれる飲食店で、例えば、ラーメン1杯を売った100円の儲けに、ガス代をちょっと節約して10円を上乗せ。1杯110円の儲けになった……などと、少しずつ少しずつ稼いだお金を、求人誌や求人広告にドンと投入したのに、結局採用できなかった。こんな泣くに泣けない状況が、決して珍しいことではなくなっている

のです。
　そんな状況を嘆いている人たちに、耳よりの情報をひとつ。それは"0円で人材を採用できる方法"です。そんなうまい話あるはずがない、と思った人もいるでしょうが、その方法とは、ハローワークを活用するということです。
　「何だ、そんなことかよ」と、がっかりするのはまだ早い。誰でも知っているハローワークですが、実は、ちゃんと活用している人は意外に少ないようです。うまく活用すれば、非常に効率よく採用することができるのです。
　その証拠に……と言いましょうか、厚生労働省職業安定局の資料を見ると、1年間にハローワークで仕事を決めた人（一般職業紹介事業における就職件数）は、毎年160万人以上となっています。ハローワークは全国に540か所近くありますので、1か所のハローワークで平均すると、1年間で約3000件、仕事を決める人がいるわけです。
　それに、仕事を持たない人の多くはいわゆる「失業保険」を受け取りたいと考えます。そういう人たちは必ずハローワークに登録するわけです。つまり、池の中に勝手に魚が泳いで入ってきてくれるしくみがハローワークにはあるのです。そこで求人をかけることは理にかなっているわけです。

◆0円の費用でスカウティングもできる！

　それでも「求人票を載せるだけでは、今どき人なんか来てくれないでしょ」と、まだ懐疑的な人もいるかもしれませんね。
　もちろん、仕事を探している人たちに求人票を見てもらって、興味を持って応募してもらう、ということがハローワーク求人の大きな柱ですが、もうひとつ、スカウティングができるというメリットがあることを見逃している企業の人たちが少なくありません。

Point 1　ペニービジネスの業界で、どうやって優秀な人材を採用するか

というのは、ハローワークには、仕事が決まっていない多くの人たちの中から、例えば、飲食業の仕事を希望している何歳くらいで、この地域に住んでいる人……などと希望を伝えれば、それにマッチした人をリストアップしてくれるしくみもあるのです。
　そして、企業側の意向を確認したうえで、そのリストアップした人たちに、求人票などを印刷して郵送することまでやってくれます。もちろん、すべて無料。企業側は一切費用を負担することなく、可能性のある人材に会社案内を送ってスカウティングを行うことができてしまうのです。
　当然ながら、お互いの条件に合致したマッチングをしてくれますから、採用に至る確率はかなり高くなります。
　私は、社労士という仕事柄ハローワークとの付き合いも多く、こうした制度のこともよく知っていますが、これを知っている人は、まだごく少数です。実際に制度を活用している人となると、さらに少ないかもしれません。こんなありがたい制度があるのですから、ハローワークを使わない手はありません。

◆ 採用は、会社の特徴を出して告知する

　店先に、よくスタッフ募集のポスターを貼っている飲食店を見かけることがあります。
　貼るのはよいのですが、書いてあることと言えば、たいてい時給がいくら、勤務時間は何時から何時まで、連絡先……ということくらいではないでしょうか。それらは、よその店でも、ほとんど変わりないことです。これで、本当に「この店で働きたい」という気になるでしょうか**(図2)**。
　ハローワークの求人の場合も同様です。求人票に、よそと変わりがないことばかり書いたところで、見る方は心を動かされることはあり

(図2)

求人募集ポスター

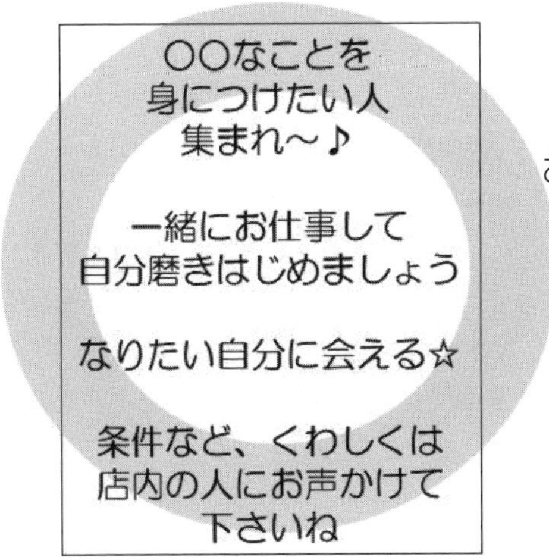

○○なことを
身につけたい人
集まれ〜♪

一緒にお仕事して
自分磨きはじめましょう

なりたい自分に会える☆

条件など、くわしくは
店内の人にお声かけて
下さいね

お店で働くことにより、その人が得られる「お金」以外のメリットをいくつ書けるかがポイントです。

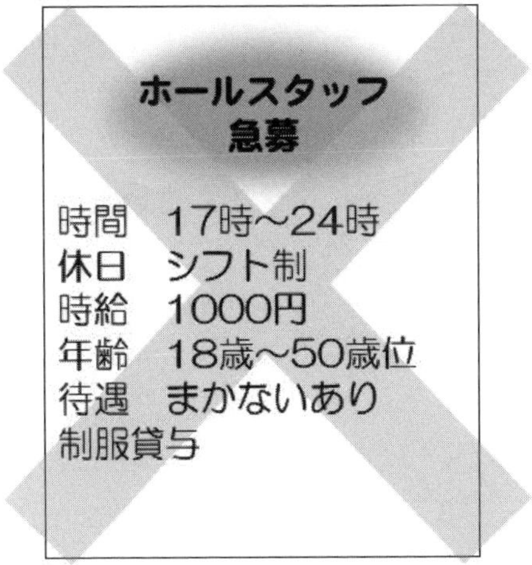

ホールスタッフ
急募

時間　17時〜24時
休日　シフト制
時給　1000円
年齢　18歳〜50歳位
待遇　まかないあり
制服貸与

このポスターで差別化できる点は「時給」のみです。

これで応募していただけそうでしょうか？

Point 1

ペニービジネスの業界で、どうやって優秀な人材を採用するか

ません。たくさんある他店の求人票の中に埋もれてしまうのではないでしょうか。

　これも、ほとんど知られていないことですが、ハローワークの求人票には、カラー画像を載せることもできます。

　ハローワークで求職をする人たちは、ハローワークの端末で自分の希望に合いそうな会社の求人票を閲覧しますが、このとき、一緒にカラー画像を見ることもできるのです。

　店内の様子やお料理、スタッフの働きぶりなどカラー画像を駆使して、会社の特徴をしっかりとアピールしていきましょう。カラー画像を載せた求人票は、閲覧した人が自分の職場となるかもしれない店をイメージしやすく、親近感、興味などを喚起してくれることになるはずです。

　私が知る限り、この機能をフルに活用できている企業は1割にも満たないでしょう。単に、求人票データをハローワークに送って、基本的なやり取りをするだけだと、他社と差別化はできないので、結果は出ないでしょうが、工夫次第でハローワークで採用できる方法はまだまだあるのです。

◇ ハローワークで、店のブランディングができる！

　求人の情報を公開するということは、たくさんの人たちに「こういう店があって、一緒に働いてくれる人を募集しています」とアピールすることです。

　「そんなことわかってるよ」、という人が多いと思いますが、はたして本当にちゃんとわかっているでしょうか。

　というのも、ハローワークの求人票を見ていると、何という名の、何の店かはわかっても、いったいどんな店なのか、イメージしにくいものがほとんどです。先ほど書いた通り、店あるいは会社の特徴を

出すことに熱心なところが少ないからです。

　私から見れば、こんなもったいないことはありません。求人票は、ただの求人情報ではないのです。店のよさを多くの人に認知してもらう、またとない手段にもなり得るのです。

　「ウチの店は、こんなところにこだわっているんですよ」「これだけは、絶対どこにも負けません」そんな店のこだわりや強みを、求人という目的の裏側で、外に向けてお知らせできるチャンスと言えます。

◇ 会社や店の魅力を見直してみる

　これを見た人が、たとえ店で働くことにならなかったとしても、周囲の人に言ってくれる可能性を否定できないでしょう。ふとした折りに「あの店って、こんなことにこだわっているみたいだよ」と、口をついて出てくるかもしれません。それで、数パーセントでもブランディングできるというワケです。

　ごく小さな確率でも、少しずつジワジワと人々の意識に浸透させることが、強いブランディングにつながります。求人活動の裏で、しかも0円で、それができるのです。

　せっかくのブランディングのチャンスを逃さないためには、あなたの店や会社の魅力をしっかりと見つめ直しておく必要があります。

　ところが、実際は自分の店の魅力が見えていないというケースが少なくありません。これでは、ブランディングのしようがないし、何より求職中の人にアピールすることなどできません。

　「給料何万円」などの条件を書くのは当然ですが、それだけではよそとの差別化はできません。店は何を目指しているのか、こんなことを一緒にやっていきましょう！　こんないい制度もあります……ほか、働きたくなるような魅力を押し出すことが大切です。

　その魅力がよく見えないという人は、外部の人に見てもらって、整

理してもらった方が、求人も経営もうまくいくのではないでしょうか。

◈ 0円投資で7人採用ができた！

　ハローワークの求人について、これだけページを割いているのも、実際にうまくいった例を間近でいくつも見ているからです。
　中でも、私がコンサルタントをしている、ある飲食業の会社では、このハローワークでいっぺんに7人の人材を採用することができました。制度を上手に活用すれば、投資ゼロでもこんな成果を上げることが可能なのです。
　そのコツは、先ほどから述べている通り、会社の特徴をちゃんと伝えることに尽きます。まだほとんどの会社がやっていないカラー画像の追加資料付き求人票にして、仕事を探している人たちに目を向けてもらうこと。そして、決め手は求人票の内容です。
　業種、仕事内容、雇用形態、賃金、就業時間、休日、地域……掲載される条件は、ハローワークでも、求人情報誌などでもほとんど変わりはないと思いますが、書き込むべきところにはしっかりと書き込むことが必須です。
　余白ばかり目につく求人票では、魅力を感じないどころか、ちゃんと目を通す気にもならないのではないでしょうか。
　「業種：レストラン」「仕事内容：パスタの調理、サラダ盛付け」こんな素っ気ない情報では、本当に働いてもらいたいのかな？　採用されたとしても、歓迎されないのでは…などという被害妄想的な印象すら与えかねません。
　書き込む欄はしっかりと埋めて「これだけ来てほしいと思っているんです」という思いを伝えましょう。できれば、書き込める行数、1行に入る文字数をチェックし、その中で目いっぱいアピールすることです。

「職種：飲食店店長」よりも、「レストラン○○○本店で、店長ができます」。

「仕事内容；接客」よりも、「地元の方に愛され続ける○○○本店での仕事です。高級志向のお客様に対し、落ち着いた接客と上質の料理でおもてなしをしていただきます」。

さらには、「○○地区、△△地区、◇◇地区での仕事です。この三地区以外への転勤はありません……」「365日のうち5日間お越しいただける、をコンセプトに非日常のレストランを目指しており、理念に共感していただける方なら、どなたでもご活躍いただけます……」

◇ 伝えたいことを全て書き込む

いかがですか。ちょっと行ってみようか……という気になりませんか。さらに、ちゃんと続けられる会社だろうか、と不安を抱いている人には、特記条件として、

「1年以上正社員退職者は出ておらず、働きやすい会社です。事業拡大につき新しい方を募集しています。毎月1回営業をお休みしての研修を実施しており、教育に力を入れている会社です……」

というように、企業の思いや伝えたいことがらは、きちんと書き込むことです。「本当に月7回休めます。4連休制度もあります」「現在の店長は30歳代で教育指導は店長が行っています」「経営者と直接話のできる風通しのよい職場です」等々、自分が働いたら、こんな人たちと一緒にやるんだ、こんなふうに仕事するんだと、イメージできることが大事です。

まずは、カラー画像で目を引いて「ちょっと読んでみよう」→「本当に大丈夫？」→「へえー、いいかも」「イメージわいた、応募してみ

ようか」と結果につながるはずです。

　人を惹きつける原稿を書くためにも、店のコンセプトや理念、魅力をもう一度整理しておくこと。その上で、伝えたいことはすべて書き込みましょう。自分ひとりでは難しいと感じるなら、外部の人と組んで進めるのもよいでしょう。ただし、事業への思いを共有している人と組むことが何より大切です。

◇ 採用テストで「向き、不向き」を判断

　採用に際しては、「採用テスト」を利用してみるのもお勧めです。私が利用しているのはＣＵＢＩＣというテストですが、応募してきた人に、簡単なテストをやってもらって、その結果から「個人特性分析」を行ってくれるサービスです。長続きしそうな人かどうか、経営者との相性はどうか、ストレスには耐えられそうか、よく動いてくれる人か、急にキレたりしないかなど、自分たちが今欲しい人材を採るのに効果があります。

　こういったテストを受験すると、「適材適所」の配置もしやすくなります。誰だって向いていなかったり、相性の悪い人がいる職場に配置されたりすれば、せっかく採用してもすぐにやめてしまう人ばかりになってしまいます。それでは非効率的ですよね。テストを使えば、入社直後にどこで、どんな仕事をさせればよいか、テスト結果の読み込み方ひとつで見えてきます。

　「うちのお店では入社して３か月以内にやめてしまう人が多い」と悩まれている方は、そのようなテストが比較的安価で利用できますから、こんなものを活用してみるのもいいでしょう。

Point 2

パートタイマーという働き方はなくなる?

◆ このままでは、お店で働く人がいなくなる?!

　募集をしてもいい人が来てくれない。働きたい人が集まらない……多くの飲食店が採用に苦労をしていることは、前にも述べました。

　そもそも、何でこんなことになってしまったのでしょうか。いったい今、飲食業界で働く人たちに何が起きているのでしょうか。

　飲食業では、パートタイマーなくしては店舗運営ができないと言っても過言ではありません。そのくらいパートタイマー頼みで営業が成り立っていることは、皆さんも痛感されているのではないでしょうか。

　そんな中、厚労省が出している「毎月勤務統計」調査を見ると、宿泊飲食サービス業のパートタイマー全体の労働時間は、以前と比べて減少していることがわかります。それにも関わらず、パートタイマーの残業時間は増えています。

　これは何を表しているかと言うと、パートタイマーとして働く人の数が減っているため、その穴埋めを、残された人たちが行わざるを得ないという状況が見えてきます。そのために、残業を余儀なくされ、パートタイマー一人ひとりの負担はより大きくなってしまっているのです。

そして、国が定める1日8時間という労働時間を超えて働かないといけない状況になってしまっているケース、皆さんの会社、お店でも増えていませんか**(図3)**。

　例えば、パートタイマーとして、あらかじめ決めた時間、日数だけ働くつもりが、「手が足りないから、もう少しお願い！」「明日来てもらわないと、店が回らないから」などと頼まれて、毎日毎日予定以上に拘束される、ということが珍しくなくなっています。

　そうなると、貴重な戦力であるこのパートタイマーも、だんだん不満がたまってくることでしょう。「負担がない程度に働きたかっただけなのに……」「社員と変わらない仕事をしているのに、私は時給、あの人は月給で福利厚生まで充実していて変じゃない？」と。

　特に、その仕事が好きで頑張ろうと思っている人ほど、不合理さに気づくはずです。同じ仕事をしているのに、何でパートタイマーだとこれだけしかもらえないのかと。

　その結果、どうなるでしょう。「バカバカしい。もうやめよう！」「もっと条件がいいパートなんかいくらでもあるし……」と、頑張ってくれているパートタイムの人が、どんどんやめていってしまうという状況が起きることになります。

　そして、また人が足りなくなり、採用をしようとするけれど、なかなか働きたい人が集まらない……残った人たちは、さらに残業が増えるという悪循環から脱出できなくなります。

　今やパートタイマーに依存して事業を展開していくというのは、かなり苦しい状況に陥っています。特に、安倍政権が進める「働き方改革」の「同一労働同一賃金」の動きが本格化すると、ますます困難になってくることでしょう。

　飲食業はもちろん、コンビニや流通系の会社など、ずっとアルバイトやパートに依存してやってきた業態は、この状況に何とか対応しないといけない時代になっているのです。

（図3）
パートタイマーでの事業運営はもう限界

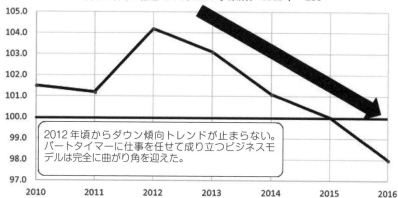

毎月勤労統計による宿泊・飲食サービス業パートタイマーの労働時間の推移（5人以上の事業所）2015年＝100

2012年頃からダウン傾向トレンドが止まらない。パートタイマーに仕事を任せて成り立つビジネスモデルは完全に曲がり角を迎えた。

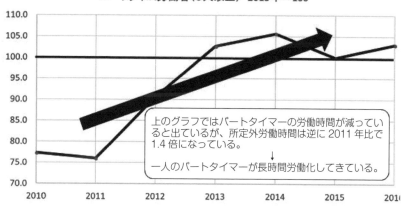

就業形態別所定外労働時間 指数及び増減率
パートタイム労働者（5人以上）2015年＝100

上のグラフではパートタイマーの労働時間が減っていると出ているが、所定外労働時間は逆に2011年比で1.4倍になっている。
↓
一人のパートタイマーが長時間労働化してきている。

パートタイマー頼みでの事業運営は時代遅れになりつつある

◆「短時間正社員制度」を活用する

　このような苦しい状況の解決策のひとつとして、「短時間正社員制度」の導入が考えられます(図4)。

　これまでは、正社員とパートタイマーの区別と言うと、長時間働いて責任を持たされるのが正社員、短時間しか働かず責任を負わないのがパートタイマーという考え方をするのが一般的でした。

　こうした分け方に加えて、もうひとつ、新しい考え方を取り入れてみませんか。

　それは、"短時間しか働けないけれど責任を負う人"という考え方です。そう、これが「短時間正社員」です。

　実際、家の都合などで長時間は働けないけれど、責任を負うのはかまわない。「お店を任されたら、私やりますよ！」という人は、少なからず出てきています。

　そういうふうに責任を持てる人がいてくれれば、その時間には、店長や、その代わりを行っている正社員が行かなくてすむことになります。それだけでも、店はかなり助かることになります(もちろん、責任に対しては手当を出すなどしなければなりません)。

　しかも、忙しい時間帯や、正社員にだけ任せるのが厳しい時間帯のみ働いてくれることになりますから、店がヒマな時間に余分な人員を置くこともなく、ムダがありません。

　ご存知の通り、飲食店には通常、忙しいピークタイムが二山あります。昼ご飯、晩ご飯の時間帯ですね。この二山にお客さんがたくさん来店しますから、この時間帯には、従業員も多くいてもらわないといけません。

　逆に、お客さんがあまりいない時間にスタッフがベターっと貼り付いていると、ムダが生じます。でも、社員は8時間労働ですから、例えば、朝8時に店に入ると、少なくとも17時までは勤務していないと

(図4)
働き方改革には雇用方法の多様化で対応

Point 2　パートタイマーという働き方はなくなる？

これからの時代は、責任と権限、能力の習得状況などを考え、2軸で雇用形態を考えるべきです。

	重い　←責任→　軽い	
長い ↑ 勤務時間 ↓ 短い	今までの正社員 （年俸制、月給制） （昇進幅大きい） （転勤を伴う）	地域限定　準社員 店舗限定　準社員 （月給制） （昇進幅小さい） （転勤を伴わない）
	短時間正社員 （月給制） パートタイムリーダー （時給制） （店舗の主軸として勤務）	今までの パートタイマー （時給制） （お手伝い的に勤務）

世の中には、まだまだ新しい働き方を希望されている方が多くいます。
その提案を自社、自店でできるかどうかで、今後の雇用がうまく進められるかが決まります。

いけません。当然、お昼が終わった後の数時間、お客さんが全然いなくても、社員は店にずっといることになります。

これでは、ムダとしか言いようがありません。例えば、ここに5時間労働の短時間正社員がいれば、お昼の忙しい時間帯だけ働いて、あとは帰ってもらえることになります。

この短時間正社員の導入には、いろいろなメリットがあります。

まず、会社にとってはムダが大幅に削減できます。お客さんがいないにも関わらず、店に貼り付いている時間の賃金、その人がずっといることで用意しないといけない賄い、また休憩所の光熱費などをカットできることになります。

一方、働く人にとっては、例えば、パートタイムでこの月は100時間働いたけれど次の月は80時間しか働けなかった……などということがなく、仕事の割りふりを確実にしてもらえて、収入も、生活時間も安定できるというメリットがあります。

そして、お客さんにとっても、お店の人がちゃんとそろっていることで、素早い料理の提供や行き届いたサービスが受けられて、満足度は高くなるはずです。

会社（お店）、働く人、お客さん……皆がハッピーになれるなら、こんなよい制度はないのではないでしょうか。これまで、社員は8時間労働という固定概念に縛られてきましたが、「働き方改革」などもあって、そうでないやり方も徐々にでてきています。

こういう制度を用意することで、いい人が採用できる可能性はグンと高まります。パートタイマー同様の労働時間で、正社員として働けるのは魅力的です。短時間でも責任を持って働きたい……という人なら、仕事に情熱を持って取り組んでくれることでしょう**(図5)**。

(図5) ★
(★マークのついた図・表のデータをプレゼントします。詳しくはP193の「プレゼントのお知らせ」をご参照下さい)

短時間正社員制度を取り入れた ワークスケジュール

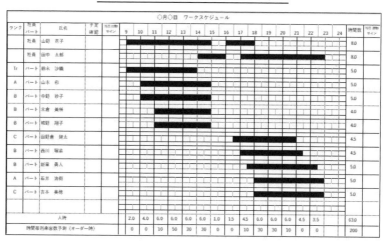

Point 2
パートタイマーという働き方はなくなる？

上が通常の正社員を2名配置したワークスケジュール、
下が短時間正社員を活用したワークスケジュール。
時間も短縮され、正社員時間のパートタイマー化ができており、
労働単価の低減も図れています。

採用　労働力を確保するために

◇ 採用＋離職の防止に効果あり！

　この「短時間正社員制度」は、すぐに人がやめてしまう、定着してくれない……という飲食店に多い問題を軽減するのにも、効果があると言えるでしょう。

　例えば、長く働いて業務に精通したパートタイマーも、いつまで経っても変わらず「時給で働いて……」というのでは、やる気がなくなってくる人も出てきます。働き方が不安定であれば、安定できる仕事を見つけたくなるはずです。そんな状況で、他の会社から、よい条件を出されれば、一も二もなく移ってしまう可能性もあります。

　せっかく蓄積されたノウハウが簡単によそに流出してしまう上に、また新しく採った人を一から指導しなければいけないというのでは、こんなムダはないでしょう。これを防ぐためにも、短時間正社員をうまく活用してみるのです。

　短時間正社員の場合も、労働契約書はきちんと取り交わします。労働契約書は、どういう条件で働いてほしいかということを記載した書類ですが、中でも「雇用期間」の定めのあるなしが重要です。

　この定めがある場合、つまり、いつからいつまで雇用しますと明記してあるのは「有期社員」、定めがないのが「無期社員」です。無期の場合は、会社と本人の合意があれば、法律（民法や労働基準法）に従っている限り、いつでもやめてもらえます。有期の場合は、お互いの合意があれば問題はありませんが、どちらかが「ノー」と言っても、記された期間内は約束なので働かないといけません。

　ひと昔前まで多かったのは、本人は働きたいと言っているのに、会社が要らないというパターン。この場合、有期の契約では、原則として期間が切れるまで会社はやめてもらうことはできないのです。

　最近では、これとは逆のケースがけっこう見受けられます。本人がやめたいと言っても、「契約してあるから、それはできません」「３年

契約だから……。」と言えるわけなので、それを活かすというパターンです。つまり、有期契約のメリットを「シフトの安定化」に置き換えて使うということです。(ただし「やむを得ない事由」がある場合は辞職を認めなければなりません)

　労働契約書で縛るというと言葉はよくないかもしれませんが、これを交わすことで、多少なりとも離職に対する一定の抑止力は期待できるのではないでしょうか。

　また、契約書には「月間所定労働時間」を記載する欄を設定することもできます。何時間にでも対応できるように記載がないことがありますが、例えば、100時間と書いてあれば、その時間は確実に働くことができます。お店が忙しいか、そうでないかに関係なく、安定して働けるという約束手形になるわけです。それだけ生活設計、時間の設計がしやすくなります。会社からすれば、勤務形態の安定化が図れるというメリットもあります。

　まだ小さな子どもがいる主婦の場合のように、例えば子どもが熱を出した、保育園に迎えに行かないといけない……など、当日になって欠勤、ということが起こりやすいようなら、労働契約は結びにくいので、従来のパートタイムで働いてもらうのが妥当と言えるかもしれません。

　でも、子育てが一段落した場合など、これから頑張って働きたいという人には、今までとは違った働き方もありますよ、と提案できる、いろいろな選択肢を見せられる……という状況を作っておくことは、必ず人材の確保につながると思います**(図6)**。

(図6) ★

雇用契約書の見本

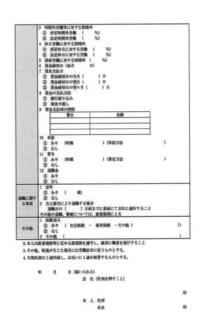

雇用契約もしっかり書面でお互いの意思を確認できるようにすることで、お店（会社）側も主張できる部分が出てきます。書面がなければ、急な退職の申し出でも泣き寝入りするしかありません。
最低限、上記レベルの契約書は従業員と締結できていることが重要です。

Point 3

外国人も貴重な戦力になります

◆ 外国人を活用するときの注意点

　会社が保険料を払う必要がなく、コストパフォーマンスが高いパートタマー、イコールが学生です。でも少子化の波は大きく、学生そのものの数が減っていて、今や学生アルバイトは金の卵と言えます。

　このように労働人口が不足している現在、それなら、いったいどこに労働力を求めたらよいでしょうか。現在の人口減少社会から脱却できない限り、今もっとも活用すべきなのは、時間にたっぷり余裕がある高齢者か、急増中の外国人と言えます。会社としては、このどちらかの雇用を検討する必要がありそうです。

　特に、最近コンビニや飲食業などで、よく外国人のパートタイマーを見かけるようになっていますが、外国人を採用する場合には、いろいろと細かいルールがありますから、事前にしっかりと調べておくことが大切です。

　とりわけ"在留資格"、"在留期限"を必ず確認し、雇用することが可能な資格（留学生、ワーキングホリデーほか）なのか、滞在できる期限が切れていないかなど、十分にチェックをしないといけません。

　雇用するのが留学生の場合には、例えば大学生なら週28時間以

内などというように、就労可能な時間に制限がありますから、こちらもちゃんと確認しておく必要があります。**(図7)**

「ちょっとくらいオーバーしても大丈夫だろう」などと安易に残業をしてもらったりしていると、不法就労になってしまい、会社が処罰を受ける可能性がありますから注意が必要です。

また、外国人を雇用するとき、雇用をやめるときには、それぞれハローワークに届けないといけません。うっかり忘れてしまった……などということがないように、くれぐれも気をつけてください。

このように、外国人を採用する場合は、日本人を採用する場合にはないルールや手続きがありますから、それらを知っておくことが何よりも重要です。ルールを守らないと、罰則が科せられることになります。「うっかりしていた」「そんなこと知らなかった」というだけで、ブラック企業の烙印を押されかねません。

もちろん、きちんとルールを知り、そのルールをちゃんと守った上で採用し、しっかり働いてもらえば、不足する人員を補うのに十分な労働力が確保できることでしょう。

◆ 日本の常識は世界の非常識

例えば、新しい外国人のアルバイトに来てもらうことになり、勤務時間は10時からと決めてあったとしましょう。

いよいよ初日。普通なら、遅くとも9時55分までには準備を整えて、10時には仕事開始となるはずなのですが……。

ところが、10時を回ってもバイト君は現れない。10分が過ぎ、30分が過ぎ、「どこかで事故にでもあったのだろうか……」と、店長が心配し始めた頃、「おはようございま〜す。よろしくお願いしま〜す」と、悪びれる様子もなく新入りアルバイト登場！

「30分遅刻だよ。初日からこれじゃ困るよ」「何で？」「10時から

(図7)

外国人雇用をする際は…

ハローワークにいけば、以下のパンフレットが置いてありますので、もらって読み込むことが大切です。16ページあります。

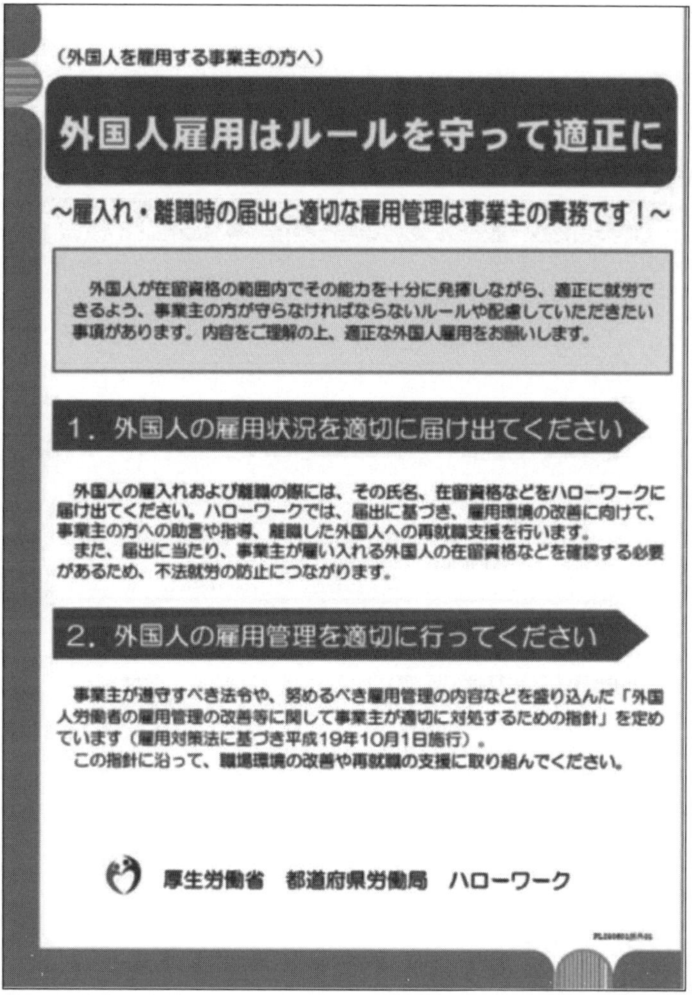

Point 3
外国人も貴重な戦力になります

（外国人を雇用する事業主の方へ）

外国人雇用はルールを守って適正に
～雇入れ・離職時の届出と適切な雇用管理は事業主の責務です！～

外国人が在留資格の範囲内でその能力を十分に発揮しながら、適正に就労できるよう、事業主の方が守らなければならないルールや配慮していただきたい事項があります。内容をご理解の上、適正な外国人雇用をお願いします。

1. 外国人の雇用状況を適切に届け出てください

外国人の雇入れおよび離職の際には、その氏名、在留資格などをハローワークに届け出てください。ハローワークでは、届出に基づき、雇用環境の改善に向けて、事業主の方への助言や指導、離職した外国人への再就職支援を行います。
また、届出に当たり、事業主が雇い入れる外国人の在留資格などを確認する必要があるため、不法就労の防止につながります。

2. 外国人の雇用管理を適切に行ってください

事業主が遵守すべき法令や、努めるべき雇用管理の内容などを盛り込んだ「外国人労働者の雇用管理の改善等に関して事業主が適切に対処するための指針」を定めています（雇用対策法に基づき平成19年10月1日施行）。
この指針に沿って、職場環境の改善や再就職の支援に取り組んでください。

厚生労働省　都道府県労働局　ハローワーク

の約束ね」「まだ10時。11時になっていないよ」という弁明に、スタッフ全員が唖然……という笑い話のようなことが起きることもあるのが、外国人アルバイトのいる仕事場と言えます。

　店長は、まさかとは思いつつも「10時というのは、10時ぴったりのこと。時計の長い針が12を指しているときのことね。10時半は10時半、10時じゃないの、わかる？」と教えたとか。小学生相手でもないのに、ときには、こんなことまで指導しないといけないこともあるのです。

　日本人にとってはあたりまえのことが、外国人にとってはあたりまえではない……ということをしっかりと頭に叩き込んでおかないと、無用なトラブルを引き起こしたり、一緒に働く人たちが迷惑を被ったりすることもあるので注意しないといけません。

　特に、1分1秒まで時間に正確な日本人と比べて、10時台はすべて10時……とまではいかなくても、大体の時間で動く外国の人たちとは、感覚がまったく違うので要注意です。

　そこには「そんなこと言わなくてもわかっているでしょ」とか、阿吽の呼吸、暗黙の了解などというものは存在しません。決まりなどは一つひとつ丁寧に説明し、納得してもらった上で、採用を決めるようにしましょう。

◆ 国が違えば文化も違う

　こんな話もあります。

　ある店でイスラム教徒の外国人アルバイトを雇ったところ、真面目な人柄で仕事も一生懸命してくれるのですが、1日に何回か決まっているというお祈りの時間になると、突然、仕事を放り出していなくなってしまうのだとか。

　特に満席で、外で待つお客さんも出るようなピークタイムに、「店長、

お祈りの時間です」と出て行きそうになり、「何言ってんの、今から忙しいんだよ」と止めても、「すみません。今は、お祈りと決まっているんで……」と聞く耳を持たず、泣く泣く行かせたこともあるそうです。

このお店では、お祈りのことは薄々知っていたものの、彼らにとって、ここまで絶対的なものとは思ってもみなかったということです。

文化の違いということでは、食事に箸やフォークを使わず、食べものを手で直接口に入れる人たちもいますから、賄いを食べるときだけでなく、衛生の面でも問題が生じないとも限りません。

ただ何でもかんでも「びっくりした」「知らなかった」「まさかここまでとは……」とばかり言っていても何も始まりません。

まず、外国人を雇おうとするなら、お国柄や文化などについても、少しずつでも勉強することです。と同時に、あらかじめ「希望があるなら言って」「伝えておきたいことはない？」などちゃんと聞いてから、最終的に採用するかどうかを決定しないといけません。

異文化を理解した上で採用する、となったら、どうやったら従業員全員がより快適に働いていけるのか、考えることも大切です。

先のようなイスラム教徒を採用したある店では、更衣室にカーペットを敷いて、お祈りの場所を用意してあげたところ、口コミが伝わったためか、たくさんアルバイトを採用することができて、慢性的な人手不足が解消したという例もあります。もちろん、お祈りの時間に人がいっせいにいなくなるということには対応が必要ですが。

外国人ネットワークは軽視できないものです。よい話が伝わることもあれば、ありがたくない話がパッと広まることもないとは言えません。ある店で、バイトが時間にルーズ過ぎたためにやめてもらったところ、「クビなんておかしい」と、十何人もが徒党を組んで抗議にやってきたという話もあります。

そんなことも含めて、異文化についても考える機会を作ってみてはいかがでしょう。

Point 3 外国人も貴重な戦力になります

【運営】働き方改革に対応するために

Point 4

根性論だけでは
解決できない長時間労働

◇ 働く人がいないから長時間労働になる

　前に、パートタイマー全体の労働時間は減っているのに、残業時間は増えている、という話をしましたが、パートタイマーが不足すると、社員にはさらに負担がかかることになります。

　例えば、店をちゃんと営業していくために、全体の労働時間が1か月3000時間必要だとします。そのうち2000時間を社員、1000時間をパートの人たちが働いていたところを、パートさんが足りなくなって、残業をしても700時間しか働けなくなってしまいました。その不足分の300時間は、社員がかぶることになります。

　社員のトータルの労働時間は2300時間となりますが、社員の人数は決まっていますから、一人当たりの労働時間が増して、それぞれの負担が増えるだけ……と、話は単純ですが、現場の社員たちにとっては、そんな簡単なことではありませんね。

　では、一体どうすればよいでしょうか。

大事なのは、**労働時間の3000時間を減らす**ということです。"3000時間が必要"という前提から入ると、足りなくなった人数で回していくのはどうしても無理があります。

パートタイマーも社員も疲弊しきってしまい、人手不足にさらに拍車がかかりかねません。ミスやトラブルが多発すれば、お客さんにも悪影響が出てしまいます。店の雰囲気も悪くなる一方でしょう。

もし、店全体の労働時間の3000時間を2500時間にすることができれば、誰にも過剰な負担がかかることなく、社員もパートの人たちも気持ちよく働けるはずです。

それを実現するためには、何をしていけばよいのかということを考えていきましょう。それは、「気合いだ！」などという簡単な話ではありません。もちろん、ときには気合いを入れて取り組まないといけない場面もあるかもしれませんが、飲食業界でよくありがちな気合い、根性や絶叫、熱狂で人を操作する、精神論的なやり方では、長時間労働の問題は解決できません。

一つひとつの作業を見直し、もっとシステマティックに科学的に整理して、作業の効率化、時間の削減を図っていくことが大切です。

◇ 業務を他社に投げてみる

労働時間を削減する方法の一つが、店で行っている業務の一部を、よその業者に投げること、つまり外注してしまうことです。

例えば、料理にたくさん使うネギ。これまで丸ごと1本の長ねぎを買って、調理場で切っていたのを、最初からカットネギを購入するのです。つまり、ネギをカットするという作業をよそに投げるわけですね。

もちろん、ネギを購入する値段は少し高くなりますが、その分、店の作業を一つ減らすことができます。全体の労働時間からマイナスすることができるのです。

カットネギをお金で買うことは、時間をお金で買うことと同じです。時間の確保が難しい場合、お金で解決する方法は検討の余地があるように思います。従業員の過剰な負担を軽減するためには、この外注化というのは、今の状況では有効な手段の一つと言えるでしょう。
　まずは、店で行っているすべての作業をチェックしてみませんか。外注できるものは業者にまかせ、一つひとつ検討していく中で、この作業は効率化できそう……ということも見えてくるはずです。
　業務の外注化ということでは、最近人気のあるのが、"店の閉め作業"です。お客さんが帰った後の洗い物、客席、調理場、シンク、冷蔵庫等まで店内の清掃、レジの精算、戸締りまで閉店に関わる全ての作業を請け負っている専門の業者があります。
　中には、例えば、座布団を干してとか、ビールサーバーを洗浄しておいて……等々、通常のルーティーンにプラス1個の用事が頼めることもあります。
　こういうところにまかせれば、お客さんがいなくなったところで、従業員はすぐに退店することが可能になります。店を閉めるのはたいていが深夜ですから、外注により深夜手当が不要になったり、深夜まで働かせているという訴えが減ったり、店がきれいになったりと、メリットも少なくありません。
　もちろん、お金はかかることになりますが、確実にスタッフの労働時間を減らすことはできます。
　朝、店を開ける、冷蔵庫に食材をそろえておく、食材の棚卸しをする……これからは、こうした作業を請け負ってくれる企業も、いろいろなパターンが出てくるはずです。そういうものの利用を検討してみてもよいのではないでしょうか。

◇ 調理器具を進化させる

　以前、「サイゼリヤ」さんの作業時間の短縮の仕方がＴＶ番組で紹介されていました。そのひとつが、使用頻度の高いトマトの八つ切り器をオリジナルで作り、各店舗に導入しているというものです。これを使えば、慣れない人だと30秒、熟練の調理人でも8秒はかかったものが、一瞬にして、皮をむくこともなくきれいにトマトがカットできるようになりました。

　1個につき数秒の時短でも、積み重なれば、確実に数十分の労働時間削減になるのです。そのＴＶ番組によれば、同社では、ピザソース用の平底レードルを開発して、ソースをかけると同時に底で伸ばせる工夫を行い、持ち替え動作の削減や、洗い物の削減が図れているようです。また、振り混ぜる手間の要らないオリジナルのドレッシングソースなども開発されています。これらはほんの一例ですが、このような工夫の積み重ねで、通常は厨房を一人でも無理なく回せるようなしくみができているようです。

　中小規模の店舗では、そのような道具を一から作るということは難しいかもしれませんが、市販されている道具類の中にも、店の作業効率アップに貢献してくれるものはたくさんあります。

　ゆで卵切り器から、豆腐のさいの目カッター、みじん切り用チョッパー、皮むき器、温泉卵器……調理道具の店などを回り、厨房の現状で意外に時間がかかっている作業を効率的に行える器具を探してみてはいかがでしょう。アマゾンなどネット通販でも簡単に手に入ります（アマゾンなら、検索窓で「その他の調理器具」と入力すればいろいろ出てきます）。

　ただ、こういう道具の話になると、職人気質の調理人からは「そういう作業は、手でやるから意味があるんだ。手抜きをしていたら、いつまでたっても仕事がちゃんとできない」という声が、必ず聞こえ

てきます。でも、過剰な労働時間を少しでも何とかしようというときに、それを言っちゃあ、おしまいです。いくらでも手間ひまをかけた料理を作りたいなら、そういう店にするしかないかもしれません。高級食材をふんだんに使ってコストをかけ、その分、お客さんにたっぷりと払っていただくような……。

修業重視の考え方では、例えば、寿司職人は10年やって一人前などと言われます。でも、最近では、寿司職人になって1年未満の人のみで運営している店がミシュランの星をもらっているという事実もあります。その職人さんは、従来のような修業など経験せず、某調理師学校で寿司を学んだだけだそうです。

異議を唱える人もいるでしょうが、それでも多くの人に「おいしい」と言われ、満足されている現実を前にして、変な理屈や経験談は何の意味もないのではないでしょうか。もちろん、昔ながらの職人気質を否定するつもりはありませんが、店の効率化、生産性の向上を目指す場合には、むしろ弊害となる可能性もあるのです。

◇ 業務を標準化する

例えば、テーブルの台は奥から横方向に拭く。サラダを器に盛るのは両手を使う。店内のモップがけは決められたルートで……というように、調理場でも、客席でも、作業のすべてについて、人間工学を取り入れた上で、やり方の基本がきちんと整理されていると、業務の効率化につながります。

というのも、従業員それぞれが自分流のやり方をしていると、作業の能率には大きく差が出てきてしまいます。ある人はテーブルをサッと拭いて、しかも拭き残しがないのに、ある人は何十秒もかかる上に、拭きムラが多いなどということもありがちです。

さらに、新しいアルバイトやパートの人が入ってきても、教える人に

よって、新人のやり方も変わってしまいます。効率的なやり方を実践していない人が教えると、そういうやり方が浸透していってしまいます。

テーブルは、縦に拭くと疲れやすく、力の入り加減にバラつきが起きやすいから横に拭く。モップがけは、このルート、動線がもっとも短くムダがない……等々、科学的に、あるいは人間工学的に、効率が上がるような方法に業務を標準化しておくことです。それをベースにして、基本のやり方を決め、皆がそれを実践するという状況を展開していくのです。

そうすれば作業がはかどり、その結果、テーブル拭きで何秒減、サラダの盛り付けで何秒減、モップがけで何秒減……と積み上げていって、全体の労働時間が少しずつ削減できます。また、新人に誰が教えようとも、同じ結果を得られることになります。

このように、徹底的にムダをなくし、作業時間を短縮するやり方を標準化することで、例えば、これまで3人でやっていたキッチンを2人に減らすことも可能になります。それは、2人に無理を強要して能力以上の結果を求めるのではなく、理に適った標準的なやり方で、2人でも普通に業務が遂行できるということなのです。

◆ 働く人の意識付けで生産性は変わる

「10年修業しないと一人前でない」などという昔ながらの考えを貫いている調理人のことに触れましたが、経験がないとダメ、効率化よりも手作業……となると、それに適った料理人が休みなく働き続けないと店はやっていけないことになります。

そうでないと、その料理人が求めている"修業を積んだ本物の味"が提供できなくなります。なぜなら、その調理場の誰もが、まったく同じ味を、同じような完成度、同じような手際で作れるものではないでしょうから。飲食店にとって大事なのは、安定です。これは、飲

食店経営の基本と言えます。この前行ったら抜群においしかったけれど、今日は全然ダメだった……。こんな営業が安定しない店は、長続きするはずがありません。

　標準化された調理やサービスを実践している店は、非常に安定しています。例えば、人気のファミレスなど、抜群においしいというほどではなくても、いつ行っても合格点のものを出してくれる。だからお客さんがたくさん行くのです。感動するほどおいしい百点満点の料理ではなくても、必ず90点は取れるという安心感があるのですね。「百点満点じゃなかったら、お客は減るのでは？」と思われる人もいるでしょうが、百点か30点よりは、常に90点という方が経営的にはうまくいきます。

　特に、最近のネットへの書き込み流行りの風潮の中、よかれ悪しかれ書き込まれるのは避けられないことです。それも、「この店よかった」「いいね」というのを他の人に言うのは"2^2人（＝4人）"に対し、「この店ダメ」と言うのは"4^2人（＝16人）"とも"7^2人（＝49人）"の割合とも言われています。

　ですから、仮にこの一説（7^2＝49人の口コミ説）が正しいとするならば、「ダメ」と書く人が1人いれば、「いいね」と書き込む人を10人キャッチしても、足りないことになります。「ダメ」49人対「いいね」40人で、悪い評判のほうが広まってしまうことになるのです。

　つまり、「この店ダメ」という人を作らないようにしないといけないわけです。バラつきがあるということは、「ダメ」が出る可能性が大きいということです。それがあると、業態の価値を下げることになるし、お客さんも増えることはないでしょう。

　確実にこの点数は取れるという店が安定し、業況的にも伸ばしていける店だと思います。「いいね」と言ってくれる人は少なくても、「ダメ」という人が出ないという状態、つまり明らかにダメなオペレーションが発生しないように状態をキープできるようにすることが大切なのです。

Point 5

メニュー、原価、帳票の三種の神器がいいビジネスモデルを作る

◆ サービス機能＋メーカー機能＝飲食ビジネス

　私は日頃から、従業員の研修を行ったり、経営者からの相談を受けたり……と経営をサポートするために、いろいろな会社に行っています。

　基本的にビジネスというのは、メーカーという機能で商売をしている会社と、サービスという機能で商売を行っている会社に分かれます。

　例えば、トヨタのように車を作って売る、お金がもうかる。これがメーカーです。一方、サービスというと、鉄道を例に挙げれば、東京から新宿までお客さんを運ぶ。それでお金をもらう。モノが作られるわけでなく、人を運んでサービス賃をもらうわけです。これが、サービス業です。

　飲食業というのは、このメーカー機能とサービス機能が同時に、同じ場所に存在する唯一の仕事です。調理場というメーカーと、客席というサービスが併設されているのです。それだけに、仕事を覚えるのは大変です。ちゃんとやろうとすれば、その両方の仕事ができない

といけません。

　おかげさまで、私が研修など今の仕事を続けさせていただけているのは、飲食業にいて、メーカーとサービスとこの両方の機能を、身をもって覚えてきた経験があるからこそ、と思っています。

　ちょっと余談になりますが、先日ある部品のメーカーで研修の仕事をさせていただいたのですが、その1週間後に、会社から呼び出しの電話を受けました。

　「研修で何かやらかした？」と、少々不安を抱きながら会社に行くと、人事部長から「研修が論理的ですごく面白かったので、あなたにちょっと調べてほしいことがあるのだけれど……」という相談を持ちかけられたのです。それは、海外の工場と国内の工場で、同じ機械を使って製品を作らせているのに、ロス率が海外では0.03（100個作って3個）に対し、国内では0.000006（100万個作って6個）と、約5000倍の差がある。その原因を調べてほしいというものでした。

　私はその企業の国内工場に出向き、2時間ほど作業を見ていて「なるほど！」とひらめきました。そして、人事部長に課題を伝え、改善するようにお伝えしたところ、3か月ほどで海外工場のロス率が0.00006（10万個作って6個）に改善されました。国内工場と同じにはなりませんでしたが、5000倍差を10倍差まで縮小することができたのです。

　当然ながら、私は飲食業出身なので、機械部品のことなど全くわかりません。では、なぜそんなことができたのでしょうか。それは、前職でやっていた仕事の知識を活かしたからです。何をやったかと言えば、国内の工場で行われている作業を詳細にまでマニュアルと連動しているかを確認したのです。そして、国内工場では、マニュアル通りに作業していない＝職人技があることに気づいたのです。

　そこで「マニュアルに書いていない職人技を書いてください」という指導をしました。「全て書いてあるはずだけど……」とおっしゃっ

ていた部長も、工程を映した動画を見ながら一つひとつ指摘していくと、納得してくれたのです。

　職人技がたくさんある世界は、よい面、悪い面があります。悪いところは、標準化されていないということ。それは、飲食業に従事していた経験で、イヤというほど身に染みていることです。

　飲食業を経験していたからこそ、そういう改善ができたのです。メーカーとサービスの両方を知っているということが活きていると実感しました。

　飲食業は、とても難しい仕事です。簡単にできることではありません。でも、経験を重ねていくことで、後々いろいろと活きてくる仕事だということは間違いないのです。

◇ この帳票類の活用でいいとこ取り

　「これ何キロやりますか？」「今日は5キロやっといて……」
　「何個切りますか？」「10個切っといて」
　こんな会話、厨房でよく耳にしませんか？
　店のことは何でもオレに聞け……と思っている人には、頼りにされて聞かれるのはうれしいかもしれませんが、こういう店は働き方改革の視点だとNGです。もし指示する人がいなかったら、どうなりますか。厨房は回らなくなってしまいます。
　「ここに書いてあるだろう」「その表を見なさい！」と言える状況にしないと、誰もが効率よく作業を遂行することはできません。
　先に述べたように非常に難しい飲食業という業界で、生産性を高めていくには、効率アップが必須。そのためには、まず、いろいろな帳票類を使って、あらゆる作業を"見える化"することが効果的です。
　店で決めたことは、すべて紙に書いたり、プリントしたり、画面に表示したりして誰でもチェックできるようにします。誰かの頭の中だけ

に収めてあるのでは、いちいちその人に聞かないといけないことになります。

例えば「仕込みチェック表」を用意すれば、先ほどのような厨房内の会話はなくなります **(表1)** 。

今日は○○名お客さんが来る予定だから、この料理はこのくらい注文されそう。この料理がどのくらい出そうだから、どの食材をどれくらい用意すればよいのか。いくつ解凍しておく、冷やしておく、切っておく、水に浸けておく……誰に指示されなくても、どんどん準備が進められます。しかも、余分に用意してしまったとか、うっかり数を間違えたなどということがなく、ムダもミスも減らせます。

また、「作業指示が書き込まれたワークスケジュール」や「1日の仕事の流れ表」など、調理場、客席両方合わせた1日の仕事の流れがわかる表は不可欠です **(表2、3)** 。

前者で言えば、当日シフトに入っているスタッフそれぞれが、例えば、11〜13時まで接客、13〜15時まで洗い場、15〜16時まで準備……というように、自分が行うべきことが把握できて、いちいち指示を仰ぐ必要がありません。

また、後者で言えば、例えば「9時入りの方の仕事」、「11時入りの方の仕事」「ラストクローズの仕方」など、それぞれ割り当てられた作業についての具体的なやり方など一覧にしてまとめておくと、さらにムダがありません。わからないときには、それで確認すればよく、人に聞かなくてもすみます。

◇ FLコストを考える

おいしい料理を作ろうとすれば、仕込みに時間がかかったり、工程が非常に複雑だったりすることが少なくありません。そういう料理ばかりだと、おいしいものは提供できても、労働時間がどんどんかさ

(表1)★

仕込みチェック表

(例) イタリアンレストランの場合

			来客数予測 (名)	240 4月17日(月)			260 4月18日(火)			260 4月19日(水)			200 4月20日(木)			240 4月21日(金)			300 4月22日(土)			320 4月23日(日)		
品名	単位	週期間(h)		適正在庫量	現在庫量	仕込量	適正在庫量	現在庫量	仕込量	適正在庫量	現在庫量	仕込量	適正在庫量	現在庫量	仕込量	適正在庫量	現在庫量	仕込量	適正在庫量	現在庫量	仕込量	適正在庫量	現在庫量	仕込量
生パスタ仕込み	kg	24		12			13			13			10			12			15			16		
ピッツァ生地仕込み	kg	48		12			12			12			10			12			15			16		
蒸し鶏	P	48		10			11			11			10			10			13			14		
ネギカット	g	24		500			550			550			420			500			630			670		
しめじカット	g	48		300			300			330			250			300			380			400		
まいたけカット	g	48		300			300			330			250			300			380			400		
プチトマトカット	個	24		120			130			130			100			120			150			160		
ナスカット	P	24		64			70			70			54			64			80			86		
モッツァレラカット	kg	48		3			4			4			3			3			4			4		
串切りレモンカット	個	24		44			48			48			37			44			55			59		
レモンスライス	枚	24		28			31			31			24			28			35			38		
ほうれんそうボイル	kg	24		3			3			3			2			3			3			3		
サラダベース	kg	24		6			7			7			5			6			8			8		
ボイルエビ	P	24		3			3			3			2			3			3			3		
生ハムスライス	g	6		700			760			760			590			700			880			940		
あさり砂ぬき	個	48		52			57			57			44			52			65			70		
いかすみソース	kg	72		2			3			3			2			2			3			3		
ミートソース	kg	48		4			5			5			4			4			5			6		
ガーリックバター	g	96		200			220			220			170			200			250			270		
明太チーズペースト	g	96		300			300			330			250			300			380			400		

来客数予測に基づき、ピークタイムに使用するであろう仕込み品の量を計算し、表示するものです。

これがあることにより「今日は何キロやっときましょうか?」というような会話がなくても、誰もが今日、何をどれくらい準備しないといけないかがわかるようになります。

「この人がいないと、どのくらい仕込みをしたらいいかわからない」という会話が飛び交うような、特定の人に頼った営業スタイルから脱却するための1つのツールです。

Point 5 メニュー、原価、帳票の三種の神器がいいビジネスモデルを作る

(表2)
作業指示ありワークスケジュール表

各メンバーの労働時間を示す「線」の上に、作業指示が時間帯ごとに記入されています。
これがあるだけでも、だれがどのポジションで、どのような勤務を行うのかが明確になります。
業務の中で、だれがどう動くかを全員が共有できていることは、助け合いの職場を作るうえでは必須です。

(表3) ★

「1日の流れ」を見える化

ランチタイム仕込みチェック表

来客数予測 (名)

品名	単位	消費期限(h)	標準使用量(100食あたり)	4月17日(月) 240 満正在庫量	現在庫量	仕込み量	4月18日(火) 260 満正在庫量	現在庫量	仕込み量	4月19日(水) 260 満正在庫量	現在庫量	仕込み量	4月20日(水) 200 満正在庫量	現在庫量	仕込み量	4月21日(金) 240 満正在庫量	現在庫量	仕込み量	4月22日(土) 300 満正在庫量	現在庫量	仕込み量	4月23日(日) 320 満正在庫量	現在庫量	仕込み量
生パスタ仕込み	kg	24	5	12			13			13			10			12			15			16		
ピッツァ生地仕込み	kg	6	5	12			13			13			10			12			15			16		
蒸し鶏	P	48	4.2	11			11			11			9			11			13			14		
ネギカット	g	24	200	480			520			520			400			480			600			640		
しめじカット	g	48	125	300			325			325			250			300			375			400		
まいたけカット	g	48	125	300			325			325			250			300			375			400		
プチトマトカット	個	24	50	120			130			130			100			120			150			160		
ナスカット	P	24	27	65			71			71			54			65			81			87		
モッツァレラカット	個	48	1.25	3			4			4			3			3			4			4		
串切りレモンカット	個	24	19	46			50			50			38			46			57			61		
レモンスライス	枚	24	12	29			32			32			24			29			36			39		
ほうれん草ろ(ボイル)	kg	24	0.9	3			3			3			2			3			3			3		
サラダベース	kg	24	2.5	6			7			7			5			6			8			8		
ミニサラダ	P	12	33	80			86			86			66			80			99			106		
ボイルエビ	kg	24	0.9	3			3			3			2			3			3			4		
生ハムスライス	g	6	292	701			760			760			584			701			876			935		
あさり砂ぬき	個	48	22	53			58			58			44			53			66			71		
いかリングソース	kg	72	0.85	3			3			3			2			3			3			3		
ミートソース	kg	48	1.7	5			5			5			4			5			6			6		
ガーリックバター	g	96	84	202			219			219			168			202			252			269		
明太チーズベースト	g	96	120	288			312			312			240			288			360			384		

※いつから、何の作業を、何分で、どうやってやるのかあらかじめ決めて標準化することが大切。この流れに沿った業務マニュアルを整備していくとよいです。

Point 5 メニュー、原価、帳票の三種の神器がいいビジネスモデルを作る

んでしまいます。

　おいしいものを出せば、お客さんは来てくれるからいいじゃない……というのが、ひと昔前のほとんどの店のやり方です。少し経営のことがわかる人なら、それでも値段を高くするから大丈夫と、手間をかけておいしいものを作り、ちょっと高い設定にして提供していました。

　今の時代、どういう料理を提供するかというときに、まず考えなければいけないのは、ＦＬコストです。外食業界にいる人なら誰でもご存知の通り、ＦＬの"Ｆ"は"Food cost"で食材の原価のこと、"Ｌ"は"Labor cost"つまり人件費のことです。ＦＬコストとは、この二つを足したものです（このページ以降、Ｆコスト＝食材原価、Ｌコスト＝人件費を意味するものとします）。

　このＦＬコストを6割に抑えるという「ＦＬコスト6割理論」が、飲食業を経営する基本であり、よく知られていることです。

　この6割の構成は、例えば原価3割、人件費3割でも、原価2割、人件費4割でも、また極端に原価6割でもよく、いろいろやり方があってもかまわないのです。最近は、原価をかけて、その価値を感じてもらい、人にかかるお金を減らして価値を提供する……という傾向が強いようです。

　いずれにしても、これまで飲食業では、製造にかかるコストの中での単品のＬコストは、大手チェーンを除き、メニュー開発時に考慮しなかったことがほとんどでした。そういうことではこれからの時代、お店の経営をうまく進められなくなっていきます。

　つまり、メニューを開発するときには、工程数を考え、Ｌコストがどうなるのかを想定しておくことが必要となるのです。

　例えば、ある居酒屋の「だし巻き玉子」というメニューで考えてみましょう。

・売価は300円。

・卵3個とだしと調味料を使うため、Fコストは70円。
・オーダーが通れば、
①着火し玉子焼き器を加熱する（5秒）
②卵をボールに3個割る（8秒）
③卵を溶く（20秒）
④だしと調味料を混ぜる（20秒）
⑤温まった玉子焼き器に油を敷く（5秒）
⑥卵液を3割ほど流し入れ、表面がぷくぷく泡立つまで加熱（23秒）
⑦焼けた玉子を焼き器の奥に集める（6秒）
⑧焼き器の手前に油を敷き、ボールに残った卵液を半分流し入れ、表面がぷくぷく泡立つまで加熱（25秒）
⑨焼き器を手前に返し、だし巻き玉子の芯を作っていく（10秒）
⑩手前まで巻けたら、そのかたまりを焼き器の奥へ移動（3秒）
⑪焼き器の手前に油を敷き、ボールに残った卵液を全部流し入れ、表面がぷくぷく泡立つまで加熱（25秒）
⑫焼き器を手前に返し、だし巻き玉子を完成させていく（10秒）
⑬焼けた玉子を、すのこに移し、すのこを巻きつけ1分待つ（70秒）
⑭待っている間に皿に笹葉を敷いておく
⑮すのこのだし巻き玉子を皿の上に移す（4秒）
⑯はじかみを添える（5秒）
⑰配膳台まで運ぶ（2秒）

ここまで計算すると241秒かかったことになります。その241秒を労働単価で割ります。仮にこの職場の平均時給が保険料込みで1500円だったとすると、1秒当たりの単価は「0,4166…円」となります。これに241秒をかけると約100,4円」となります。これが製造にかかるLコストです。

これに材料のFコストを足すと、170.4円となり、だし巻き玉子の単

品FL率は170.4円÷300円＝56.8％となります。単品FLは業態やマーケティング戦略によっても変わってきますが、45％〜50％で押さえるのが理想であり、そこから考えれば、このだし巻き玉子は単品FLの観点だけで見れば、利益には貢献しにくいメニューと言えるわけです。

メニュー作りは、このように単品FLコストを計算に入れて、考えていく必要があります。そして、それを表にまとめ、一覧にして、店舗メニュー戦略に活用していく必要があるのです**(表4)**。

◇ 調理過程のコストカットでハッピー！

メニューを開発する人に「原価率を下げろ」と、厳しくノルマを与えたりする会社も見受けられます。そのため、少しでも安く……と原材料をたくさん仕入れることにして、原価は下がったように見えます。でも、すべての食材に加工が必要になり、厨房の手間はかかる一方。その結果、人件費はどんどん上がります。原価を抑えても、FLコストを見ると、大変なことになります。

それをLコストのコントロールだけで運用しようとすると、現場に疲弊感が出て、結果としてお客さんに迷惑のかかりやすい営業になってしまったり、サービス残業が発生しやすい職場になったりするのです。

メニューを考える場合には、FコストとLコストを合わせて、ある程度以内に収めるという考え方を持っていた方が、もうけは出やすくなります。特に今は、人手がかかるほど厳しい状況に陥ることになりますから、多少原価をかけてでも、労働費を下げるようなしかけがたくさんある会社のほうがうまくいくケースが多いです。先ほどちょっとご紹介した「サイゼリヤ」さんなど、まさにそのよい例です。

人手がかからないようにする方法を考えながらメニューを作らないと、生産性アップは難しいかもしれません。

(表4) ★

単品 FL コスト

材料原価率順に並べてみると ⇒ 「刺身盛り合わせのネタを減らすか、売価を上げるかしないとな・・・」などと考えがち。

品名	売価 円	材料原価 円	材料原価率 %	加工調理時間 秒	作業原価 円	作業原価率 %	単品FL 円	単品FL率 %
刺し身盛り合わせ9種	1980	810	40.91%	270	90	4.55%	900	45.45%
本マグロにぎり2貫	400	156	39.00%	80	27	6.75%	183	45.75%
桜鯛の塩焼き	980	367	37.45%	472	158	16.12%	525	53.57%
青森かぼちゃコロッケ	280	102	36.43%	180	60	21.43%	162	57.86%
天ぷら盛り合わせ	680	245	36.03%	172	58	8.53%	303	44.56%
刺し身盛り合わせ6種	1480	533	36.01%	240	80	5.41%	613	41.42%
たこわさ	380	124	32.63%	28	10	2.63%	134	35.26%
佐世保レモンステーキ	980	310	31.63%	191	64	6.53%	374	38.16%
北光ポテトサラダ	380	114	30.00%	220	74	19.47%	188	49.47%
甲州ぴ0本お任せ	680	199	29.26%	173	58	8.53%	257	37.79%
泉州水なす漬け	280	78	27.86%	34	12	4.29%	90	32.14%
青森黒えだまめ	280	75	26.79%	137	46	16.43%	121	43.21%
秋田のおにぎり	380	99	26.05%	109	37	9.74%	136	35.79%
京都ぶぶ漬け	480	121	25.21%	81	27	5.63%	148	30.83%
若鶏のスパイシーあげ	380	94	24.74%	174	58	15.26%	152	40.00%
丹波だし巻き玉子	300	46	15.33%	241	81	27.00%	127	42.33%
ひねぽん酢	330	49	14.85%	71	24	7.27%	73	22.12%
:	:	:	:	:	:	:	:	:

単品FL率順に並べてみると ⇒ 「かぼちゃコロッケと鯛の塩焼きの売価を見直してみよう」と考えられるようになる。これに「出数」のデータを組み合わせると、どの作業が多いかがわかるため、さらに改善点が見えてきます。

品名	売価 円	材料原価 円	材料原価率 %	加工調理時間 秒	作業原価 円	作業原価率 %	単品FL 円	単品FL率 %
青森かぼちゃコロッケ	280	102	36.43%	180	60	21.43%	162	57.86%
桜鯛の塩焼き	980	367	37.45%	472	158	16.12%	525	53.57%
北光ポテトサラダ	380	114	30.00%	220	74	19.47%	188	49.47%
本マグロにぎり2貫	400	156	39.00%	80	27	6.75%	183	45.75%
刺し身盛り合わせ9種	1980	810	40.91%	270	90	4.55%	900	45.45%
天ぷら盛り合わせ	680	245	36.03%	172	58	8.53%	303	44.56%
青森黒えだまめ	280	75	26.79%	137	46	16.43%	121	43.21%
丹波だし巻き玉子	300	46	15.33%	241	81	27.00%	127	42.33%
刺し身盛り合わせ6種	1480	533	36.01%	240	80	5.41%	613	41.42%
若鶏のスパイシーあげ	380	94	24.74%	174	58	15.26%	152	40.00%
佐世保レモンステーキ	980	310	31.63%	191	64	6.53%	374	38.16%
甲州ぴ0本お任せ	680	199	29.26%	173	58	8.53%	257	37.79%
秋田のおにぎり	380	99	26.05%	109	37	9.74%	136	35.79%
たこわさ	380	124	32.63%	28	10	2.63%	134	35.26%
泉州水なす漬け	280	78	27.86%	34	12	4.29%	90	32.14%
京都ぶぶ漬け	480	121	25.21%	81	27	5.63%	148	30.83%
ひねぽん酢	330	49	14.85%	71	24	7.27%	73	22.12%
:	:	:	:	:	:	:	:	:

Point 5 メニュー、原価、帳票の三種の神器がいいビジネスモデルを作る

弊社がお付き合いいただいている、ある和食店では「ラフテー（沖縄式の豚の角煮）」が名物料理になっています。が、これを作るのに、
①豚肉のバラブロックの皮の部分をバーナーで焼き、お湯で洗う
②ブロックのまま鍋に入れ、たっぷり浸るくらいのお湯で2時間炊く
③調味料（秘伝！）を入れ火にかける
④②のバラブロックを4〜6ｃｍ角に切り、鍋に入れる
⑤弱火で2時間、アクを取りながら煮込む
⑥火を止め、冷まして味をなじませて仕込みの完成
　オーダーが通れば、煮込んだたれといっしょにレンジにかけ、練りからしとねぎを添えて完成
　と、すごく手間がかかってしまっています。もちろんおいしいのですけどね……。
　このＦＬコスト率を計算したところ、材料の豚肉だけでも40％、ＦＬでは、何と90％に達していました。ＦＬコストには、非生産時間、すなわち掃除やサービス、会計その他の人件費は含まれていませんから、それらも含めたら100％超えてしまっています。料理が出れば出るほど、大赤字になってしまいますね。
　そこで店主と相談し、❶売価を見直し、❷皮を焼いてボイルしてある豚肉を購入する、という対策を打つことにしました。まだ試作段階ですが、単品ＦＬ率は70％近くまで下げることができるそうです。試食でも以前と変わらずおいしいと、従業員の皆さんも言ってくださっています。あとは、この売価でお客さんが以前と同じように注文してくれれば問題ないと見ていますが、出数が10％下がっても利益はむしろ確保できるという計算もしています。
　主力商品のラフテーが出るほどに調理場の仕込み作業が大変でしたが、これからは出る数は増えても、作業量が減っていて、負担を感じずに仕事ができそうだということです。同じような例は、多かれ少なかれどこの店にもあると思います。

労務費の削減は、このようにレシピと大きく関わっています。こんなに調理に手間をかけるように言われているのに、その一方で、労務費は下げるようにノルマを課されてもムリというもの。そうなると、お客さんが来ている時間を削ることになり、サービスが悪くなった、などと言われることにもなりかねません。
　「ウチ、もうからないんだけど……」と嘆いている人は、こんな状況を放置していませんか。メニューを作るなら、そういうところまで考慮する必要があります。特に労務的に課題が多くなった今、手間のかかる仕事を増やすのは、店にとって自殺行為とも言えます。工程数を減らすメニューが作れるかが、これから店を維持、発展させるためには重要です。
　もちろん、手間をかけないといけないところもあるでしょう。それなら、メイン商品だけ手間をかけ、サブ商品は出来合いのものをうまく活用するなどの戦略的な判断、対策が必要になってくるでしょう。それを決められるのは、経営者だけです。

◇ ワークスケジュールの確立

　飲食業の店長というのは予測業だと、よくセミナーなどで言っています。「今日はお客さんが〇〇名来そうだから、仕込みを〇〇キロにしておこう」などということを、常に考えていないといけないからです。常に数値で考えることが大切なのです。
　特に、必要な日、時間に、必要な人員を配置して、毎日の「ワークスケジュール」を作成しないといけません。これがちゃんと確立されていないと、日々従業員が効率的に動いて、営業をスムースに進行させることが難しくなります。
　ピークタイムに人を多く、アイドルタイムは少なくするのはもちろんですが、例えば、今日は売上げが28万円くらいになりそう。客単価

1000円として、お客さんは280人。それが何時に来るか。この時間帯には何人来そう、いくら売れそう。それなら、スタッフは何人要る、この時間は要らない……などと、一つひとつ決め、労働力を確保して明示しないといけません。

その際、売上予測をもとに、トータルの労働時間を考えて人員を配置することを考慮するとよいでしょう。例えば、売上げ28万円の予測とすれば、労働時間を100時間で運営すると、「人時売上高」は2800円となります。

この数字は、「売上げ÷労働時間」で算出されますが、大雑把に言えば、従業員一人が1時間当たりいくらの利益を生み出すかを表すもの。営業の状況を確認したり、目標を設定するのによく使われます。業態にもよりますが、一般的にこの値が、3000円台で普通、4000円台ならまあまあ、5000円を超えていれば生産性が高いと言えます。

ワークスケジュール作成のもとになる予測は、店長の勘、というのではあまりにお粗末です。ギャンブルの予想ではないのですから、過去のデータを使って、しっかりと予測を行います。データは、POSレジのボタンを押せば、過去の時間帯別の来店数が簡単に確認できます。そのデータをもとにエクセルなどで解析をして、必要な時間を考えられる店長が増えれば、お店での営業は安定しやすくなります。

過去のデータに基づいて、それに合わせたワークスケジュールを組めば、スタッフが足らないことでお客さんに迷惑をかけるリスクを減らせますし、スタッフが多すぎることにより人件費が高騰し、経営負担となるような事態も避けることができます。

ワークスケジュールを運用するには、勤務確約本人サイン、出勤確認印の欄も用意します。中には、無断欠勤をして「シフトに入っていると思わなかった」と言い訳をする人もいます。これでは、店は回らなくなります。「確認した」というサインをもらっておけば、後にトラブルになった場合でも、お店、会社が不利になることはありません**(表5)**。

(表5)★
時間帯来客数予測や予測人時売上高の入ったワークスケジュール

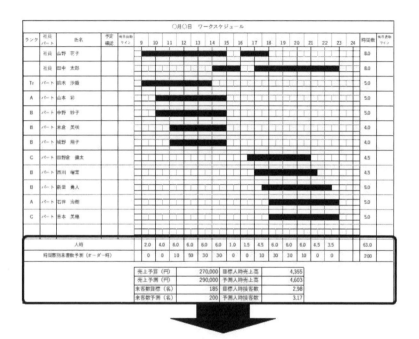

ワークスケジュールも単に働く時間を表示する「労務帳票」から、経営予測数値を計算し、表示することで、立派なマネジメントツールに生まれ変わります。

大切なのは「未来」を予測する考えが入っているか、です。

Colum コラム

◆売上予算と売上予測は違う

　前述した"売上予測"は、"売上予算"と混同されることが多いので、その違いについて解説しておきます。

　売上予算とは、簡単に言えば、会社や組織の存続や発展を目的として定められる「目標」のことで、これは「全社予算」「店舗予算」に分かれ、それを時間軸で切ると、「年間予算」「月次予算」「週次予算」「日次予算」と分かれていきます。この予算が達成できないということは、中期的に考えられたビジネス展開に支障が出る、というものです。そのため、必達が求められますが、あくまで目標値と言えます。

　一方、売上予測ですが、これは売上予算とは全く考え方の違うもので、「その日1日、お客さんが何名来て、いくらの売上げになるか」を文字通り予測するものです。この予測数値は、店舗運営の中で3つの場面に活用します。

　1つめは「発注数量を決める」ためです。一定の期間内で使用する食材や消耗品の量を予測するために、売上予測を活用するのです。つまり、「いくら売れるから、いくつ発注する」という考え方になります。

　2つめは「仕込み（スタンバイ）の数量を決める」ためです。営業当日（一部翌日など）に使用する仕込み量をどれだけにすればよいのかを予測するために、売上予測を活用するのです。つまり、「いくら売れるから、この量を仕込む」という考え方になります。

　3つめは「ワークスケジュール（シフト）を決める」ためです。営業当日に必要とされる人員数であり、かつ無駄のないワークスケジュールを作るために売上予測を活用するのです。つまり、「いくら売れる

から、何人、〇〇の戦力を持つ人に勤務してもらう」という考え方になります。

　この売上予測金額を達成できたからと言って、営業的にはＯＫではありません。あくまで発注、仕込み、ワークスケジュールというＦＬコストの管理のために使うもので、コストは適正にコントロールされますが、肝心の売上げはそれでは困ります。ですので、中期的には売上予算を達成できるようにするための戦術を投入していく必要が出てくるのです。

　例え話を一つ挙げておきます。

　客単価が1000円と安定しているお店で、当日の売上予算が30万円、売上予測が20万円とします。仮に売上予測という概念がなければ、お店は売上予算を必達したいので、売上30万円に相当する分の食材を発注し、売上げ30万円に相当する仕込みを行い、売上げ30万円を売り切れるシフト組み（ワークスケジュール作成）を行います。

　しかし、結果的には20万円しか売れなかったとしたら、発注した食材は古くなり、仕込み品はロスになり、労働時間も過剰に使ってしまうことになってしまうのです。これではコストの垂れ流しと言っても過言ではありません。

　そうならないようにするために売上予測という考え方を使っていきます。そして、この売上予測をもとに来客数予測を作成し、さらにこれを時間帯ごとに落とし込んでいくと、かなり精密な営業予測ができていることになるわけです。

　このように、売上予算と売上予測は、活用法も考え方も全く異なるものです。進んでいる飲食企業では、これらの活用は半ば常識の範疇です。しっかり把握していきましょう（図8、9）。

Point 5　メニュー、原価、帳票の三種の神器がいいビジネスモデルを作る

(図8)

売上予算とは？

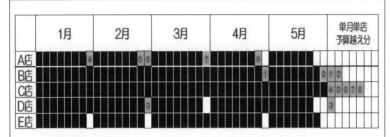

5店経営のX社があったとします。

X社は会社の経営を安定させるために「売上予算」という目標を設定し、その売上予算を月別、店別に振り分けします。

各店ごとに定められた売上予算の進捗管理を行い、全社ベースでの売上予算達成ができるよう、個別店舗の指導を行います。

上記の表の例で言えば、
1. C店は良い成績を残し、毎月自店の予算達成し、5マス分の貯金ができました。
2. B店は4月、5月に予算を割ってしまいましたが、1月～3月で予算越えの貯金が2マス分あったため、期間予算は達成できました。
3. D店は2月、3月、5月に予算を割ってしまいました。1月、4月は予算達成で、貯金が1マス分ありましたが、2月の予算割れ分を補てんできただけで、期間予算は達成できませんでした。
4. A店とE店は、結果が悪く、予算を割ってしまいました。C店の貯金で補てんしたとしても、会社全体の予算は白マスがまだいくつも残っていることから、未達であることがわかります。

こういう状況になれば、会社が必要としていた売上げが足りないということになり、中期的にX社のビジネスプランは修正を迫られることになります。

売上予算とは、このように、会社の目標達成のために、必要な資金等の確保を行うための会社単位、店単位、年単位、月単位、週単位、日単位の目標と言えます。

(図9)

売上予測とは？

Point 6

時給を上げても人件費が下がる方法とは?

◇「非生産時間」の労働を少なくする

　右ページの(**表6**)をご覧ください。
　外回り確認、裏口開錠、銀行業務、メーター検針、ダイニング清掃、座敷清掃、トイレ清掃、事務所・休憩室清掃、ステーション開設……。ある店舗の朝の業務を書き出したものです。
　営業時間前で、お客さんがいない時間の業務ですから、これらは「非生産時間」の労働ということになります。この労働をどう少なくしていくか、ということが、生産性向上には欠かせません。
　とはいっても、これを思いつきだけでやろうとしても、とても無理な話です。では、どうすればよいのでしょうか?
　それは、まず自分の店舗の非生産時間の業務にはどんなものがあるのかを、表のように全部洗い出すことです。その上で、洗い出した業務を"要""不要"の仕分けをし、不要なものは減らしていくのです。
　例えば、これまで、事務所・休憩室の清掃を毎日行っていたのを、「毎日やる必要ある?」と考える。毎日やらなくても問題ない。それなら、週3回にすれば、非生産時間が減らせる……と、ひとつずつ細かく確認していくのです。ちゃんと見ていけば、必ず減らせる仕事

(表6)

店舗作業時間測定まとめ表の例

Point 6 時給を上げても人件費が下がる方法とは？

週間単位 業務 現状（ホール作業）		月	火	水	木	金	土	日	最長時間	最短時間
朝の準備（管理）	外回り確認	○	○	○	○	○	○	○	3	3
	開錠業務	○	○	○	○	○	○	○	1	1
	メーターチェック業務	○	○	○	○	○	○	○	3	3
	電気	○	○	○	○	○	○	○		
	ガス	○	○	○	○	○	○	○		
	水道	○	○	○	○	○	○	○		
	帳票確認業務	○	○	○	○	○	○	○	8	8
	業務引継表	○	○	○	○	○	○	○		
	売上日報	○	○	○	○	○	○	○		
	発信通達連絡	○	○	○	○	○	○	○		
	本日の売上予算・予測	○	○	○	○	○	○	○		
	PC社内掲示板	○	○	○	○	○	○	○		
	現金管理業務	○	○	○	○	○	△	△	10	6
	釣銭残確認	○	○	○	○	○				
	入金、両替表作成	○	○	○	○	○				
	金庫内在高確認	○	○	○	○	○	○	○		
	銀行業務	○		○		○			25	0
	移動	○		○		○				
	入金	○		○		○				
	両替	○		○		○				
	店舗システム業務	○	○	○	○	○	△	△	5	4
	メーター測定値入力	○	○	○	○	○	○	○		
	入金金額入力	○	○	○	○	○				
	レジ回り業務	○	○	○	○	○	○	○	5	5
	開局処理	○	○	○	○	○	○	○		
	ドロア内へ現金収納	○	○	○	○	○	○	○		
	募金箱設置	○	○	○	○	○	○	○		
	JET端末立ち上げ	○	○	○	○	○	○	○		
	予約確認業務	○	○	○	○	○	○	○	5	5
	予約ボード確認	○	○	○	○	○	○	○		
	予約一覧表作成	○	○	○	○	○	○	○		
	温度チェック業務	○	○	○	○	○	○	○	2	2
	アサインメント表作成業	○	○	○	○	○	○	○	2	2
	宅急便作成業務	○			○				5	0
	朝礼業務	○	○	○	○	○	○	○	10	10
	開店前確認業務	○	○	○	○	○	○	○	10	10
	機器作動	○	○	○	○	○	○	○		
	照明点灯	○	○	○	○	○	○	○		
	外回り	○	○	○	○	○	○	○		
	客席準備	○	○	○	○	○	○	○		
	トイレチェック	○	○	○	○	○	○	○		
	現金在高確認業務	○	○	○	○	○	○	○	5	5
	チェック	○	○	○	○	○	○	○		
	発注業務	△	△	△	△	△	△	△	15	0
	酒類	○			○					
	一般食材		○		○					
	コーヒー	○			○					
	消耗品		○		○					
朝の準備（営業）	衛生業務	○	○	○	○	○	△	△	220	150
	トイレ	○	○	○	○	○	○	○		
	駐車場はき掃除	○	○	○	○	○	○	○		
	駐車場ごみ交換	○	○	○	○	○	○	○		
	草引き	△	△	△	△	△				
	ダイニング床拭き	○	○	○	○	○	○	○		
	ダイニング掃除機	○	○	○	○	○	○	○		
	ダイニングテーブル拭き	○	○	○	○	○	○	○		
	ダイニングカトラリー配置	○	○	○	○	○	○	○		
	ダイニング窓ふき	○		○		○		○		
	階段回り	○	○	○	○	○	○	○		
	玄関掃き掃除	○	○	○	○	○	○	○		
	窓拭き	○		○		○		○		
	従業員トイレ	○	○	○	○	○	○	○		
	休憩室・事務所	○	○	○	○	○	○	○		
	エアコンフィルター	△		△		△				
	板の間拭き		○							
	アイスストッカー			○						

が見つかるはずです。

　この表は、弊社が以前、お客様先の会社を調査し、作成したものですが、この洗い出しで業務を月間で73時間削減することができました。この会社のお店は1か月3000時間程度の労働時間なので、2％強の改善が実現できたことになります。

　もう一つ、非生産時間を減らすということでは、非生産時間の業務を、どう生産時間（営業時間）に転化していけるか？　ということを考えることも大切です。これを、サイドワーク化と言います。

　例えば、表の「朝の準備」の中に、"サービスステーションスタンバイ"とあります。スタッフが、お客さんのところに運ぶお茶などを用意するステーションで、お茶を用意し、ハシやスプーン、おしぼりを補充し、グラスを並べて……といった作業がありますが、これらは、すべて11時の開店と同時にビシッとそろっていないといけないかというと、そうでもありません。

「いらっしゃいませ」とお客さんに言いながら、ハシを補充してもかまわないわけです。そうすれば、お客さんを見ながら、準備作業をやって……と、ひとりの時間でふたり分の作業ができることになります**(表7)**。

　また、清掃作業もそうです。外食ビジネスの世界では、オープンはピカッピカの状態で気持ちよく……という精神論に縛られているところがあります。

　でも、それじゃあ、夜は？　お金をたくさん使ってくれるお客さんのCS（客の満足度）を高めた方がいいのでは？　という考え方もできるわけです。朝の非生産時間の掃除を減らして、例えばアイドルタイムなどに行えば、結果としてトータルの労働時間は下がってきます。サイドワーク化して、CSを上げ売上げが上がれば、生産性も高くなります。

（表7）

朝の衛生スケジュール表

朝衛生 タイムテーブル

時間	9:30	10:00	10:30	11:00	11:30
9時半IN	釣銭準備／レジ入金	Aダイニング カスターセット セッティング	サービスステーションスタンバイ	デザート場スタンバイ	デザート場スタンバイ	営業
9時半IN	Aダイニング はたきモップかけ	Aダイニング床 掃除機かけ	Aダイニング床 モップかけ	Aダイニング テーブル拭き	Aダイニングテーブル拭き	営業
9時半IN		お客さまトイレ、従業員用トイレ 衛生		朝礼／窓拭き	窓拭き	営業
10時半IN		Bはたきかけ	Bダイニング 掃除機かけ	Bダイニング テーブル拭き	カスター配置／外周衛生	装飾品拭き上げ	営業
11時半IN						営業

- どの時間帯に
- 誰が
- 何をするか？

まで決めておけば、指示を行っての営業スタイルから脱却しやすくなります。

◈ ムダをなくす徹底した工夫

　飲食店の経営、運営を長年見てきて、感じること。
　それは「ムダの多いビジネス」であることです。一度飲食業界から離れ、ほかの業界を研究することでその「ムダ」がより明確になってきました。ここでは、その中から「8つのムダ」のうちいくつかについてみていきます。(図10)

①発注のムダ
　発注はどの飲食店も行いますが、これほど各社の手法にバラつきが存在するものも少ないのではないでしょうか。ヤマカン発注や、思い付き発注など、まだまだ現場にはいろんなやり方が存在します。なぜそうなるのでしょうか？多くの現場を見ている中で見えてきたこと。それは「考えることを放棄してしまっている」ことでしょう。考えなくても必要な食材さえあれば、営業はできますし、足りなくなればスーパーに買い出しに行けばいい、と考えているケースも少なくありません。でも、それで本当によいのでしょうか？
　食材が多すぎると、当然その食材の回転率が落ちますので、鮮度が悪くなります。逆に食材が少なすぎると、価格が不安定で品質にもバラつきがある市販品を投入しなければならず、長期的に見た店の安定性が損なわれてしまいます。要するに「ちょうどよい量」をいつも発注しなければならないのです。
　では、どうすればよいのでしょうか？それは一にも二にも分析であると私は思います。特に必要なのは、「売上1万円あたり、どれくらい消費するか」の記録を残すことです。そのためには、「(A) 最初にいくつあり」「(B) その期間X万円の売上げの時にいくつ使い」「(C) 最後はいくつ残った」という情報の整理が必要です。(A) や (C) を理解するためには定期的な棚卸による実数カウントが必要で

(図10)

飲食店の「8つのムダ」

発注のムダ
- 適正在庫数の設定
- 定期的棚卸の実施

動作のムダ
- しゃがむ、探す、調べる作業の測定

仕込みのムダ
- 適正仕込み量の設定
- 許容時間管理

動線のムダ
- 歩数の測定
- 1商品製作行動の確認

投入時間のムダ
- 売上予測との連動シフト
- 当日修正方法の指導

管理作業のムダ
- 簡略化の検討
- システム化の検討

手待ちのムダ
- サイドワークリスト化
- 静止動作の見える化

再指導のムダ
- メモの取らせ方訓練
- AI学習ツールの用意

Point 6　時給を上げても人件費が下がる方法とは？

す。また「((A)＋(B)－(C))÷X」の計算を行うことで、売上げ1万円あたりの使用量が算出できます。そのデータを集めることで、その食材が売上現在、1万円あたりどれだけあればよいかの「適正在庫数」が計算できるようになります。このように計算すれば、算出できる数値は徹底的に使って運営するのが現代の飲食店経営の要諦ではないでしょうか。

②動作のムダ

　動作にもムダは存在します。飲食業では狭いスペースの中で食材を保管し、営業を行うため、「立ったり座ったり」という動きが頻繁に発生します。そのような動きは「疲れを増す作業」と言われ、ムダである、と行動科学の世界ではよく言われます。

　また食材や洗剤など、あらゆるものを「探す」行動はどうでしょう？　探す間は、何の生産もされないわけであり、これもムダな動きであると言えるのです。

　さらに「調べる」動きもムダです。例えば、注文が入ってからレシピマニュアルを調べて、確認したのち、調理を始めるケースなどを考えればわかりやすいかもしれません。理解していれば調べなくて済むことなのに、実際は調べて動いている。こういう動きをなくしていくことで動作のムダは減り、効率のよい職場になってきます。

③管理作業のムダ

　以前、あるお客さんのお店でこんなことがありました。夕方6時30分。お店はたくさんのお客さんでごった返していました。私も食事をしにその店に行ったのですが、どこを探しても店長がいないのです。「おかしいなあ」と思い、客席に案内されましたが、お店はさらに忙しくなり、うまく営業が回らなくなってきました。客席で座りながら、「店長はどこだろう？」と探すのですが、やはりいない。ふと思い立

って、バックヤードに行くと、店長が事務所で会社に提出するクレーム報告書を4枚書いていました。「お店、ちょっとしんどそうやで」と伝えると、しぶしぶ店長は営業に戻っていきました。

　たぶん、あのまま営業を続けると、またクレームが発生し、結果としてクレーム報告書を書かないといけなくなるわけで、悪いサイクルから抜けられなくなるのです。もちろん、クレーム報告書が悪いとは思いませんが、4枚も書いて、その結果お店の営業を放置してしまうのは、私から見れば本末転倒で、管理業務のためにメイン業務（主作業）をおろそかにしてしまっているように見えてしまいます。この管理業務がなければ、もう少し前の時間からよい営業ができたかもしれません。こういった管理業務は簡素化をできる限り図ることを検討すべきなのです。

④手待ちのムダ

　飲食業では手待ち時間が発生することがよくあります。よくあるものとして

・注文待ち

・来客待ち

・解凍待ち

・機械や道具の空き待ち

などが大きなところでしょうか。この手待ち時間をどう有効に活用できるかも大切な視点となってきます。そのために必要なのは「サイドワークのリストを作っておくこと」です。サイドワークとはいわば「ながら作業」のことで、待ち時間に手を動かして、少しでも作業を進めておくと、閉店時間間際になって、作業のやり残しがたくさんある状況から解放され、非生産時間（お客さんがいない時間だが作業が発生する時間）を減らすことができるわけです。店長は手待ちが発生している従業員に、サイドワークのリストの中から、緊急性、重要性の

高い仕事を指示し、少しずつでも進めてもらいます。これにより手待ちのムダは大きく削減できます。

⑤再指導のムダ

部下に仕事を指導して、任せようとすると失敗することがよくあります。経験値が少なくて失敗する分にはまだ理解できるわけですが、よくある話は、教えた通りにやらなかったり、教えたことを理解していなかったりすることです。

これを防ぐには2つの方法があります。

1つ目は「復唱」を徹底させることです。指示を出し終わったら部下に対し「じゃあ、今説明したことを復唱してみて」と聞くのです。初めて復唱を指示してみるとよくわかりますが、部下の答えは決まって「すみません、もう一回説明していただいてもいいでしょうか」となるものです。悲しい話ですね。復唱させるように繰り返し伝え、習慣化してくると、再指導のリスクは大幅に低減できるのです。

2つ目は「メモの清書指示」です。メモを一生懸命取っていたはずの部下のメモを一度確認してみてください。何が書いているかわからない状況であること、よくあります。これでは再現性は高まりませんので、再度同じことをもう一回教えなければならないことになってしまうのです。

部下にメモを取らせる目的は「指導した仕事の再現」ができることであり、この目的を果たさないメモは取らせても意味がありません。ですので、再現が可能な状況にするためには、あとで読み返したときに意味が分かる状況になっていることが大切なことなのです。それには手間がかかりますが、そのひと手間が再指導のムダをなくす特効薬になります。

他にもいろいろなムダがありますが、以降のページでも随時取り上げている箇所がありますので、最後までぜひ読んでみてください。

◆ スタッフやお客さんに不都合なシフト

　非生産時間を減らせば、その分を生産時間（営業時間）に移すことができますが、例えば、1日に100万円の売上げがあって、労働時間が200時間ですめば、人時売上は5000円ということになります。
　この労働時間が、250時間かかり、300時間になり、350時間とかかってしまうと、人時売上は4000円、3030円、2860円と下がってしまい、さらに時間が増えれば、事業が続けられなくなってしまいます。
　目標を200時間と決めたら、この200時間のワク内でコントロールしていくようにしないといけません。例えば、毎日銀行に行かないといけない、ここの清掃をしないといけない……というように、ワク内に固定でやらなければいけない業務がたくさんあるほど、生産時間に回せる時間、つまりお客さんに回せる時間が少なくなってしまいます。
　銀行に行かないといけないから、この掃除しないといけないから、だからお客さんの満足度は下がっていい、という考え方はNGではないでしょうか。できるだけ、お客さんのために時間を投入できるようにするべきです。
　そういうお客さんに不都合なシフトというのは、結局は従業員にとっても不都合なシフトと言えます。お客さんからお叱りを受けたり、「料理まだ？」と不機嫌に催促をされたりすることもあるでしょう。そのつど客席へ足を運んで、また戻ってきて……と、余分な仕事がますます増えてしまいます。
　そんなことのないように、うまく非生産時間を減らして、生産時間に移すようにできるシフトにすることで、スタッフにも、お客さんにも都合がよくなるのです。
　そういうことを頭に入れて、日頃の業務の洗い出しから始めてみましょう。
　ちなみに、数字だけをコントロールしても「三方よし」にはなりませ

Point 6　時給を上げても人件費が下がる方法とは？

(図11)

在庫数・準備作業等の増加は時短に悪影響が多い

①仕込みスタンバイ　②輸送収納　③目的のないミーティング

チェックポイント

①仕込み、スタンバイ
※ その作業は「いつ・いくつ」やることが最適か？
⇒ 売上〇円あたり、来客数〇名あたりの安全係数を乗じた「適正仕込み量」を算出して、その数値に基づき仕込みを行う

②輸送、収納
※ 必要量を輸送しているか？
※ 必要な場所に収納しているか？
※ 同じ作業の繰り返しはないか？
⇒ 歩く歩数、動く動作を最小にする

③目的のないミーティング
※ 単なるコミュニケーションになっていないか？
※ そのミーティングは成果につながっているか？
⇒ 一旦止めてみることも検討する

WHY?

ん。そのような事業は短期的には成果を出せても、中長期的には成長力が落ちてきます。なお、「三方よし」は近江商人が語った名言で、「売り手よし、買い手よし、世間よし」と言われるものですが、私はこれを少し改変して、「新・三方よし」と名付けてみました。「お客様よし、従業員よし、会社・株主よし」です。常にこの3者間のバランスを考えて行動することが、事業の継続的成長には不可欠だと私は考えています（図12）。

◈ 事業を長続きさせたければ「新・三方よし」を考えよ

　飲食業の顧問先を見ている中で、経営的に難しいなあと感じるところは、ほかの業種、業界よりも「事業の継続」でしょう。飲食業というのは、いわゆる「参入障壁」の低い業種＝小資本でも始められる業種であるということです。つまり、始めるのはそんなに難しくないのです。

　で、いろんな人の見様見まねで始めたものの、なかなかお客さんに来てもらえない。数か月すると、手元資金が枯渇してくる。気が付くと大赤字で取り返しのつかない状況で、ジ・エンド。こんなパターンをよく見てきました。

　日本全国の飲食業の開業率、廃業率は5年間で20％ずつと言われています。5年で既存店の20％の事業が開業され、20％の事業が閉鎖している、というものです。それだけ続けるのが難しいことを示すデータだと言えるでしょう。

　では、事業を継続していくためには何が大事なのでしょうか？ブランドコンセプトや中期経営計画などが大切なことは言うまでもありませんが、私は、利益配分のさせ方が大切であると、顧問先にご説明しています。それが、「新・三方よし」です。

　前述したように、昔、近江商人が使った言葉で「三方よし」とい

Point 6　時給を上げても人件費が下がる方法とは？

(図12)

新・三方よし

うものがあります。これは「売り手よし、買い手よし、世間よし」というもので、商売をするときに三方が「よし」になるビジネスを考え、行動することを求めるものです。

　これはこれで、素晴らしく良い言葉でしょうし、実践していくべきかと思います。私は、この三方よしを、少し切り口を変えて考えることで、飲食業等のBtoCビジネスを成功させることができると考えています。

　それが「お客様よし、従業員よし、会社よし」です。うまくいっている飲食店、飲食事業は、この配分が絶妙です。仮に創業してスタートダッシュで利益が出た時には、3分の1は販促などでお客さんに還元、3分の1は賞与や給与、福利厚生などで従業員に還元、3分の1は事業の中期的成長のため内部留保（貯金）を行うのです。この配分を意識して、お客さん、従業員、会社の輪を同じように大きくしていくことが、事業の発展には欠かせません。

　逆に、うまくいっていないお店や事業では、儲かったら全部使ってしまうケースがとても多いです。またその使い方も、お客さんに全部還元してしまう。それでは、瞬間的な成長は図れるかもしれませんが、長続きはしないのではないかと考えます。特に飲食店、飲食事業では、人に対する投資が少ないところが多いですね。ここに投資をしないことで、店が属人化（その人がいないと成り立たない状況）になることが多く、継続的に事業を成長させられないのです。

　「人材への投資は収益の3分の1を目安に」を実行できていますでしょうか。事業を継続していきたいのであれば、確認してほしいですね。

◇ 気合いと根性では解決できない

　「気合いだ〜」「頑張れ！」と大声で気分を高揚させても、同じや

Point 6 時給を上げても人件費が下がる方法とは？

り方をしている限り、これまで250時間かかっている仕事を、200時間に収めることはできません。

　スタッフに気合いを入れるよりも、自分が意を決して、店での全ての作業を一つずつ分解してみることです。それぞれの作業に何秒、あるいは何分かかるか、それを少しでも短縮できないかを見ていくのです。

　例えば、焼き鳥を加工するのに、1分で何本作れるか。サラダのドレッシングをかけるのに、何秒かかっているけれど、あと3秒短縮できないか。あの席まで運ぶ距離は、こっちが短い。こういう持ち方なら、運ぶのがラク……等々、少しでもムダを減らして効率を上げる方法を考えることです。

　実は、こういう作業の分解は、メーカーでは普通にやっていることです。作業の効率化には欠かせないことなのですが、サービス業ではまずこれをやっているところは少ないようです。でも、これを徹底してやっておけば、必ず生産性のアップが実現できます。

　そして、何分何秒の効率を考えていくと、予定通りにいかないときもあるでしょう。こんな場合に備えて、助け合えるしくみも用意しておくことです。困った人がいたら、助けたり手伝ったりする人がいれば、時間のワク内で間に合います。

　後述する人事制度で「情意（情熱意欲の略語）」の項目を厚くしておくのもひとつの方法です。助けた人は、ちゃんと評価が上がるようなしくみです。

　また、助け方をしくみ化することもできます。

　例えば、**(表8)** は接客担当の業務が重なる場合を考慮した人員配置のやり方です。ホールヘルパー（担当者に代わって対応する人を置かない①ライン型、担当者より少ないヘルパーを置く場合の②トライアングル型、同数のヘルパーを置く③スクエア型があります。また、別の考え方として、作業ごとに仕事を分け、その役割を果たす④パート型もあります。①担当員が対応できない場合は、他のエリアの担

(表8)

オペレーション中の助け方
助けられ方もシステム化

（ホールでの例）
4人で客席を見る場合を想定

フォーメーション	助け方・助けられ方
①ライン	4人にそれぞれ持ちエリアを持たせ、営業させます。 このフォーメーションの場合、2組のお客様への同時対応が難しくなりますので、横の担当者への助け方をお互いで共有しておくことが大切です。
②トライアングル	3人にそれぞれ持ちエリアを持たせ、営業させます。 後ろの1人は「料理運び」や「バッシング」などを中心に行いながら、前にいる3人の状況を見て、適宜ヘルプに入っていきます。最もオーソドックスな形です。
③スクエア	2人一組になり、営業を行います。 持ちエリアが上二つと比べ、広くなるため、客席へ目が行き届きにくくなります。そこをフォローするもう1人のサポート力がカギになってきます。後ろの人は前にいる人と違う動きが求められます。
④パート ●オーダー係 ●配膳係 ●サービス係 ●バス（下げ）係	持ちエリアを作るのではなく、仕事をパートに分け、その仕事だけを任せるスタイルです。短期間の訓練で仕事を任せやすくなりますが、助け合いの営業は難しくなります。複数のパートができる教育システムがセットで必要になるでしょう。

Point 6　時給を上げても人件費が下がる方法とは？

当員が対応します。②③は担当員の手が空いていない場合に、ヘルパーが対応します。その際の、作業順位表が表3（57ページ）です。ヘルプすべき仕事の優先順位が決められていますから、これに従って動くようにすれば、お客さんからのクレームも出にくくなります。

　④は個々の作業を一人で完結させる型なので、ヘルパーは置きません。その一つの作業を覚えれば仕事ができますから、初期教育に時間をかけられないお店に向いたスタイルです。

　どうです、接客もサッカーの試合のようでしょう。勘や思いつきで動くのではなく、戦略に従って動くのです。そうすれば、サービスや動きにムダ、ムラがなく、効率的に運びます。スタッフ皆がスムースに動けるように、朝礼のときなど軽くトレーニングを行っておくとよいでしょう。

◈ 動作性の見直し方法はこのように進める

　飲食業で働いていたときに、生産性が下がった時期があって、某牛丼チェーンにいらした方から指導を受けたことがあります。

　教えられた方法は、実にシンプルなもので、とにかく動きからムダをなくす手法です。小鉢を盛り付けたりする両手作業、テーブルの拭き方、作業は使うものを手元に並べて準備してから、歩く動線は最短距離で……など、細かい動きを一つひとつ詰めていきます。

　そして、動作訓練として、決められた動きを何度も練習してマスターするのです。これがあってこそ、ひとりでも何人ものお客さんに対応できる効率的なサービスができるのですね。

　私も、テイクアウトのうな重4人前をあっという間に作って出す店員さんの動きを見たことがありますが、まさにお見事。オーダーが通ったとたんに、レンジにウナギを放り込み、通り過ぎながらご飯をよそい、器にシールをペタっと貼ったところで、ピーっと鳴って盛り付け。

ものの3分もかかったか。そして、すぐに店内の牛丼に取りかかっていました。

　この動きは、いくら熱を入れて「頑張れ！」と声をかけても、できるものではありません。訓練が要るのです。早く動くことの原則は両手作業。動くのは動作性を考えて、距離は最短コースで。準備をしてから、手を付ける……。

　そういうことを考えて、そのやり方を固定化していくと、動作性が上がってきます。それを社員だけでなく、パートやアルバイトの人にも同じように動いてもらえるようにすれば、社員の労働時間をパート、アルバイトにそのまま置き換えることが可能になります。

　すなわち、労働単価が下がりますから、生産性は高くなるということです。

　動作性を見直すということは、そういう効率よく経営しているところから学ぶことも大切です。それには、ストアウォッチング。生産性のよい店を見に行かないといけません(**図13**)。

　店長育成の教育に、よく見学をお勧めしていますが、繁盛店の店長は、どんな指示の出し方をしているか。どうリーダーシップを発揮しているのか、その目でじっと確かめてみるのです。「ウチの料理のほうがうまいよ」などということばかり気にしていてはダメ。動き方を見るのです。歩き方はどうですか？　1歩の早さが違うでしょう？　そういうところを勉強してほしいのです。

◆ 飲食店にもＩＥ手法やＥＣＲＳを

　動作性の見直しをどんどん研究していくと、ある手法と重なるところが出てきます。それは「ＩＥ手法」と呼ばれるものです。製造業で働く人にはなじみの手法ですが、残念ながら飲食業ではまだまだ取り入れられていないのが実情です。

(図13)

動作経済の原則（ギルブレス氏提唱）

1. 動作経済の基本原則

    ① 動作の数を減らす
    ・「探す」「選ぶ」「用意する」等を必要以上に行わないこと。

    ② 動作を同時に行う
    ・一方の手に、手待ち、持ったままが発生しないこと。
    ・また「両手で同時」ができるようにすること。

    ③ 動作の距離を短くする
    ・不必要に大きい動きは行わないこと。
    ・身体より腕、腕よりも手、手よりも指を使うようにする。

    ④ 動作を楽にする
    ・動作の数を減らすこと。
    ・無理な姿勢で行わないこと。
    ・重力や慣性力を利用すること。

2. 動作に関する3つの要素

    ① 動作方法の原則（作業者に関するもの）
    ・ムダな動作を取り除くこと。
    ・2つ以上の動作を組み合わせること。

    ② 作業場所の原則
    ・作業者の動作のやりやすい配置、置き方にすること。
    ・作業場所はできるだけ狭くすること。
    ・作業位置の高さを作業者に合わせ、最適にすること。

    ③ 道具、機械の原則
    ・人間がやらなくてもよい作業や動作を見つけて道具、機械に置き換えること。

これはどのようなものかと言うと、作業を分析、分解したうえで、機械の配置や動線を最適にし、生産性改善に活かそうというものです。
　例えば、製造業の例を挙げると、家電メーカーで「テレビ」を組み立てるのに、「よく使う部品、道具」はなるべく手近に、1台作るのに1個しか使わないものは遠くに配置します。これにより、動きのムダがなくなり、1時間10台生産できていたテレビが11台生産できるようになる、などということも起きるわけです (図14)。
　弊社の顧問先でも、この視点でチェックを行うと、モノの配置があまり考えられずにされていることが多く、配置換えの指導を行うことがあります。従業員の方からは「慣れるとこっちのほうが確かに楽です。ありがとうございます」と感謝されることもよくあります。
　このような視点でチェックを行うために、最近はいろいろなツールが出てきていますが、オーソドックスなやり方としては「ワークサンプリング」という手法です。これは、ある一定時間内に誰がどんな仕事、作業をしていたのかを測定し、それを別表の作業に分解し、無駄がないかを検証するものです (図15)。
　ビデオ撮影も効果的です。店内にビデオカメラを設置し、従業員の動きを分析するのです。見ると面白いもので、従業員同士が交錯する場面や、何度も什器、調理器具を持ち替えている場面、歩く歩数が無駄に長い場面など、いろんな気づきがあります。改善活動には現実を見ていただく必要があるので、動画を撮影することがよいでしょう (ただし、個人情報保護の観点からお客さんが映らないようにするか、撮影していることをあらかじめお客さんにお伝えすることがよいでしょう)。

(図14)

飲食店にも IE 手法を

IE 手法とは
= Industrial　Engineering 手法の略語で、以下のことを行い、生産性の向上を図る手法です。
　① 作業を分類する
　② 材料や製品の流れを調査する
　③ 設備、機器の配置を変更する

(図15)

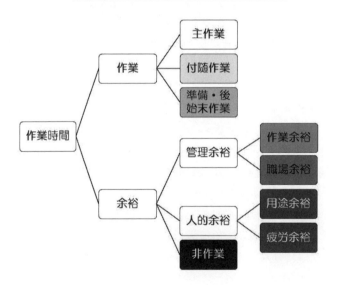

作業にもいろいろある

作業を分類するだけでも、どういったことが起きているのかの状況把握には十分使えます。

生産性が悪い職場では、直接作業以外の時間が多く、余裕もかなりの時間比で存在していることがわかります。

また、業務改善に関して知っておいた方がよいキーワードとして、ECRS というものがあります。これは、業務改善を行う上で、考え方の固定化を防ぐために、発想を転換できる4つのキーワードの頭文字をとったものです。92、93 ページに ECRS の解説と、さらにその考えを深めるための切り口をまとめておきましたので、ご確認ください。
　これらを使って、ぜひ社内、店内で業務改善活動を進め、働きやすい職場づくりを目指してください。その進め方も PDCA サイクルをうまく使うことで、実現が可能になります。それも 94 ページにまとめていますので、ご確認ください。

(図16)

業務改善 ECRS

E=Eliminate(排除)
なくす、止める

C=Combine(結合)
合わせる、同時に行う

R=Rearrange(交換)
変える(順序、道具など)

S=Simplify(簡素化)
単純にする、簡単にする

(図17)

業務改善 ECRS × 7つの切り口

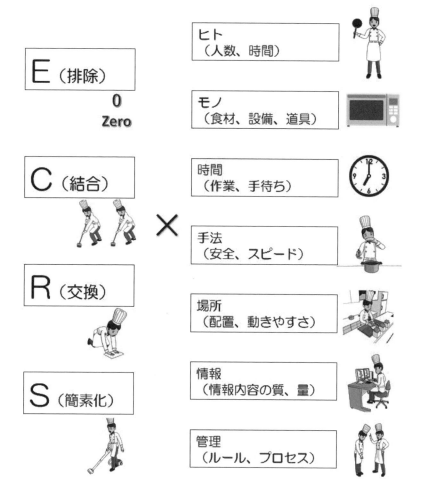

(図18)

飲食企業での業務効率化活動の進め方（例）

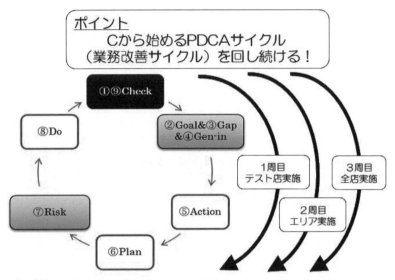

①	現状の確認	業務全体を詳細にわたるまで「見える化」
②	ゴールの設定	それぞれの業務の理想の状態を設定
③	ギャップの確認	ムダ、ムリ、ムラのある業務を目視、数値で確認
④	原因の分析	なぜそのようになっているか要因分解分析
⑤	対応策の選定	ボトルネックになっている原因を優先的に選定
⑥	実行計画の策定	5W3H（※）で計画案を策定
⑦	リスク分析	計画案の実施リスクを探り、次善案も検討
⑧	計画の実行	あとで振り返りができるように記録は必須
⑨	状況の確認	実行する前と後で状況がどうなったか確認

【制度】持続的成長性を手に入れるために

Point 7

飲食ビジネスは人を育てることで成長する

◆ 人は成長がうれしい……等級制度

　良い人材を採用したり、やりがいを持って長く働いてもらったりするためには、この会社に入ってこんなふうに頑張れば、あんなこともできる。こうなれる……というビジョンが描けるようなしくみが必要です。

　それを実現するのが、人事制度です。会社の"体幹"でもある重要な人事制度には、等級制度、評価制度、報酬制度、教育制度の四つがあり、お互いが連動しています。

　飲食企業の人事制度を設計することがよくありますが、その作り方の流れを記しておきますので、確認してみてください。

　まず、等級制度というのは、会社が従業員に期待する成果、能力、職務、役割などによって、従業員を区分する制度です。いろいろな要素に関して細かく基準が設けられていて、それに従って等級が決められます。

その等級に応じて、人事評価が行われ、報酬が支給されることになります。ですから、この制度は、「人事制度の骨格」とも言われているのです。
　ただし、等級制度は、単に従業員をランク付けするための制度ではないことをしっかりと認識しておく必要があります。この従業員は有能、あちらはダメなどと烙印を押すための制度になってしまったら、「どうせ自分はダメだから」「バカだから、頑張っても等級上がらないし……」などとやる気をなくすだけで、すぐにやめてしまわないとも限りません。
　そうではなく、等級によって、従業員が成長するためのステップをわかるようにすることが、この制度の目的なのです。今はこのステップだけれど、これからどんな仕事ができるようになれば、あるいは、何を勉強すれば上の等級に上がれるかということが、自分でわかることが重要なのです。
　ステップアップするために必要な知識、技術、経験などが明示されることで、「どうせ自分はダメだから……」から、「あれができればリーダーになれるんだ。頑張ろう！」という気になるのではないでしょうか。会社は、自分にこんなことを期待しているのかということを知り、将来の目標も描けるでしょう**(図19)**。
　人事制度を導入している会社も数多くありますが、この等級基準を従業員に明示していない会社が非常に多いのには驚かされます。基準を明示せずに何に使うのかと言えば、昇格要件に当てはまっているかのチェックリストになっているだけ。そんな使い方では制度が宝の持ち腐れです。高いお金をかけて制度を作っても、運用が悪ければ効果は出てこないのです。
　等級制度は、従業員のランク付けをするためのものでなく、成長のステップをわかりやすく知ってもらうためにあるということが何よりも大切です**(表9)**。

(図19)

人事制度構築の流れ（例）

- 分析ツールによる従業員全員の特性把握
- 組織活性度・適正配置度診断
- 社長・人事担当役員インタビュー
- 課題の集約と解決の方向性　設定
- 人事制度の基本コンセプトの設定
- 従業員アンケート
- 等級制度設計（役職・職位・基準）
- 評価制度設計（職位別・機能別）
- 報酬制度設計1（賃金表・規程・手当）
- 報酬制度設計2（賞与・退職金・年金）
- 教育制度設計（キャリアプラン・研修）
- 人事制度実施スケジュール作成
- 従業員向け制度説明会の準備・実施
- 就業規則等　規程類への反映
- **新人事制度　スタート**

Point 7　飲食ビジネスは人を育てることで成長する

(表9)

等級表の一例

階層	等級	役割イメージ
経営補佐職		・担当している業務にとどまらず、担当関連業務までの広範、高度な知識、技術を持つ者 ・部などの組織を統括する責任者 ・経営方針、中期経営計画に基づき、部の目標を設定、管理する者 ・経営課題を抽出したうえでの経営戦略策定を補佐する者 ・事業の課題を抽出したうえで、事業戦略を立案、執行する者
管理職	1級	・担当している業務に関して広範、高度な知識、技術を持ち、店舗などの複数組織を統括する者 ・上位組織（部など）の目標に基づき、店舗などの組織目標をダウンサイズし、設定、管理する者 ・店舗などの課題を抽出したうえでの、事業の戦略を立案、執行する者 ・事業戦略策定の補佐をする者 ・経営資源を有効活用し、計画、調整、統制する者 ・労働時間等自身の勤務の状況や、所属部門全体のパートアルバイト等従業員の採否等に
管理職	2級	・担当している業務に関して専門的な知識、技術を持ち、業務の最終責任者として業務遂行 ・上司から発信された方針を基に任された組織を統括する責任者 ・部下を持ち、人材マネジメントする者（ティーチング、コーチング等能力向上、マインドアップ） ・業務の課題を設定、または問題を発見し、それらを解決する者 ・経営からの方針に基づき、計画（店舗予算を含む）の作成をする者 ・労働時間等自身の勤務の状況や、店舗等のパートアルバイト等従業員の採否等について、
監督職	1級	・担当している業務に関して専門的な知識、技術を持ち、一次責任者として業務遂行する者 ・すべての時間帯の責任者として一次的判断、行動する者（クレーム対応・緊急時対応など） ・上役（店長、マネジャーなど）と相談をしながら、業務計画の推進を行う者 ・職場での業務について、後輩（部下）の指導が行う者（ティーチング） ・店舗別損益計算書（PL）の読み込みが一定レベルででき、それに基づき問題発見を行う者
監督職	2級	・担当している業務について、複雑な内容を処理する程度の知識、技術を持ち、その範囲を ・一部の時間帯の責任者として即応を求められる一次的判断、行動をする者（クレーム対応、 ・店長（上長）の代行をする者 ・店長（上長）からの指示に基づき、セクション内（ホール・キッチン）または本部内担当部門の ・職場のサブリーダーとして後輩に対し日常業務の指導を行う者
一般職	1級	・担当している定型業務を自身で処理できる程度の知識、技術を持ち、その範囲を一人で任 ・過去の前例などに基づき、判断をし、一人で業務を遂行する者 ・店舗（職場）の目標について正しく認識し、その目標に向かって自発的に行動する者 ・後輩に対し、自身の理解していることをわかりやすく伝え、日常発生する基本的な業務の指
一般職	2級	・担当している定型業務を自身で処理できる程度の知識、技術を持ち、その範囲を上役の指 ・所属組織の目標について認識をし、その目標に向かって上役の指示の下で行動する者
一般職	3級	・担当している定型業務を処理できるようになるため、知識、技術の習得に努めている者

第 2 部　飲食店経営に必須の成長戦略 15 のポイント

	対応職位（役職）					
	営業職コース					専門職コース
				ゼネラルマネジャー	部長	
る責任者として業務を遂行する者 る者						
ついて、自身で判断でき、指示を受けない者			マネジャー			
する者						キッチントレーナー
自身で判断でき、指示を受けない者						
		店長				料理長
責任をもって遂行する者 緊急時対応など） メンバーのとりまとめについて補佐をする者		リーダー				
せられる者 導を行う者						
示の下で標準的にこなす者	一般社員					

Point 7　飲食ビジネスは人を育てることで成長する

◇ 人は課題があると目指せる……評価制度

　評価と聞くと、子どもの頃、学期末に渡された通知表や、学校の試験などを思い出して、何となくイヤな気分になる人もいるのではないでしょうか。

　評価制度というのは、会社が従業員を評価するしくみで、その評価によって等級が上がり、それに応じて給料が上がったり、賞与が決定したりするわけです。確かに、従業員の働きぶりや能力、成果などを会社が採点するのですから、学校の成績と似たところはあるかもしれませんね。

　ただし、評価制度の目的は、等級制度と同じく従業員をランク付けしたり、給料を決定したりするためにあるのではなく、従業員にやる気を出してもらうための制度です。会社が従業員に期待していることを明らかにして、それぞれが求められている事柄をどの程度クリアできているか、その出来栄えを評価するのです。

　逆にどう頑張ったか評価がない、ということを想像するとわかっていただけると思うのですが、評価がない＝報いがないように感じるものです。

　例えば、ある会社では、102ページのような人事評価シート**(表10)**を用いています。

　ここでは、成果、発揮能力、情意（情熱・意欲）という3つの要素で評価する、ということがはっきりと示されています。さらに、等級別にその三つの要素について、細かい項目ごとに、何をすれば評価がよくなるのか、どんな努力や能力が期待されているのかという着眼点がわかります。

　等級が上がるほど、より成果を期待されるようになるなど、等級、役職によって会社から求められることの比重が変わってきます。

　どこを評価されるかということは評価期間の前に知らされますから、

いわば最初に課題を与えられているようなものです。それぞれが、会社から期待されていることを実行しようと努力することがとても大切です。

この評価シートにより、情意（情熱・意欲）で表される職務態度や取組姿勢、能力を発揮した行動、それらによって挙げた成果を評価することで、従業員の成長を促すのです。

そして、そんな個人の成長を会社の成長に結びつけるというのが、この制度の一番の目的と言えます。

◈ 効果のある評価で賃金が決まる……報酬制度

社長が鉛筆片手に、「こいつはよく働いてくれているから、給料上げてやれ」「あいつはオレにタテついたから、上げなくていい」などと思いつきだけで適当に給料を決めている、などということはありませんか。

そこまで主観で決めていないまでも、きちんとした等級制度も、評価制度も作っていないという会社やお店は、まだまだたくさんありそうです。

報酬制度というのは、等級や評価の結果に応じて、どう人件費を配分するかというルールを定めた制度です。

等級に基づいた給与をベースにして、人事評価によりアップ・ダウンを決定するシステムがわかりやすいでしょう。このシステムにより、給与が公正に支給されるのはもちろんのこと、大切なのは評価制度と連動していて、何をどう頑張ればどれだけアップできるのか、どう処遇に反映できるのかということが見えるということです。

そのような給与の水準、公正さは、ダイレクトに仕事に対するモチベーションにつながります。

当然のことながら、経営的には人件費の総額を適正にする必要が

(表10) ★

人事評価シートの例

対象期間	/ ～ /	所属（店舗名）		役職	

一般職社員用 評価シート（1級・2級・3級）

評価視点	項目		着眼点	1点 問題がある	2点 標準以下	3点 標準	4点 期待以上
成果	業績		○ 期首に経営者と約束を交わした売上目標を達成できたか。	目標基準を大幅に未達成であった。(90%未満)	目標基準をわずかに未達成であった。(90%以上100%未満)	目標基準を不足なく達成できた。(100%以上110%未満)	目標基準を超え、達成できた。(110%以上120%未満)
			○ 期首に経営者と約束を交わした利益目標を達成できたか。				
	約束達成度		○ 各店・各人が約束設定（3～5程度）した日常業務について、遂行度はどうであったか。※ 職責があがるにつれ、業務の進め方、周りへの影響度等も加味すること。	目標基準を大幅に未達成であった。(70%未満)	目標基準をわずかに未達成であった。(70%以上90%未満)	目標基準を不足なく達成できた。(90%以上110%未満)	目標基準を超え、達成できた。(110%以上130%未満)
発揮能力	知識		○ 上長の助けも得ながら正しく店舗運営を行える知識（料理、サービス、衛生、メンテナンス、情報、PC、レジなど）を習得、発揮していたか。	誰かがいないと営業できない。(-1人換算)	誰かがいないと営業できない。(0.5人換算)	不十分であり、上長のサポートが週1～2回程度必要とされる内容であった。	1店舗の店舗運営知識は通常運営レベルでは持ち合わせ、発揮していた。
	工夫		○ お店でできるちょっとした改善をおこなっていたか。○ すぐ「できません」と言わず、やれる方法を考えて行動していたか。	着眼点2項目とも実践できていなかった。	着眼点1項目が実践できていなかった。	着眼点2項目共にまんべんなく実践できていた。	自社で決められているレシピ、マニュアルの実践に必要な接客または調理技術は完全に持ち合わせ、発揮していた。
	技術		○ 会社で定めたレベルでの接客技術は持っているか。○ 会社で定めたレベルでの調理技術は持っているか。	スロー営業でも周りに補助され、接客、調理を行っていた。(-1人換算)	通常営業でも周りに補助され、接客、調理を行っていた。(0.5人換算)	繁忙営業以外の場面ではきちんと作業をこなし、戦力になっていた。	
	理解		○ 教えられたことをきちんと再現できたか○ 一度教えたことは忘れないように仕事ができるか	何回同じことを教えても理解が弱く、業務上の間違いも多数あった。	教えたことを言い返すことが多く、理解についても間違いが少々あった。	教えたことを正しく把握するは人並みにあった。	一回教えれば正しく把握し、再度の教育指導が不要なレベルであった。
	相談		○ わからないことをわからないままで放置せず、相談行動を起こせていたか。○ 困ったことがあったときに放置せず、相談行動を起こせていたか。	着眼点2項目とも実践できていなかった。	着眼点1項目が実践できていなかった。	着眼点2項目共にまんべんなく実践できていた。	相談するときに自分なりの答えを見つけたうえで相談していた。
情意	ビジョン・理念		○ お客様に「愛」を、働く人に「愛」を与える行動ができていたか。	理解すらしていなかった。	理解していたが行動はしていなかった。	人から感謝される行動を1日1回レベルでできていた。	人から感謝される行動を1日複数回レベルでできていた。
	チームワーク		○ 異なった環境や立場を相互理解し、助け合ったり譲り合ったりしながら同じ目標に向かって任務を遂行できていたか。○ チームワークよく仕事を進めることが出来ていたか。	他者の言うことに全く耳を貸さず、組織の一員として足並みをそろえようとする努力に著しく欠けていた。	他者の言うことに耳を傾けないレベルで耳を傾け、組織としての活動能力を乱す原因になっていたことがあった。	他者の言うことにも一定レベルで耳を傾け、組織運営の阻害をすることなく行動できた。	組織の中でコンセンサスを取ることで、一人の力だけでは生み出し得ない成果を出すことに力を注いだ。
	ルール順守		○ 組織のルールを遵守できていたか（爪、身だしなみなど）。○ 業務上の機密事項は管理できていたか。○ 情報の整理整頓はできていたか（レシピ、伝票、予約表など）。	社として決めていることなどへの遵守意識がなく、規律ある行動がとれていなかった。	社として決めていることなどへの遵守意識が欠如することがあり、規律ある行動がとれないことがあった。	社として決めていることなどへの遵守意識があり、行動に問題はなかった。	決め事などへの遵守にとどまらず、職場内での規律性が高まるような影響ある行動をとれていた。
	責任		○ 仕事のより好みをせず、どんな仕事にも責任を持ってやり遂げようとしていたか。	与えられた仕事すらほとんどやり遂げられなかった。	与えられた仕事をやり遂げないことがあった。	一応の意欲をもって、与えられたことはきちんと責任をもってやり遂げていた。	自分自身の仕事をやり切るだけでなく、組織としての仕事が進むようサポートしていた。
	前向きさ		○ 問題や障害にも進んで取り組んでいたか。○ 業績がどうであれ「販促の行動・継続」は行えていたか。	主体的な仕事の取り組みはほぼなかった。	どちらかといえば、受け身型の仕事の進め方であった。	人並みに仕事に取り組み、言われれども行動できていた。	向上心が強く、工夫・改善に努め、苦しい仕事や活動もいとわず取り組んでいた。

欠勤		
懲戒		
評価期間中の人事異動	有・無	有の場合の具体的内容

加減点の理由

印

第 2 部　飲食店経営に必須の成長戦略 15 のポイント

Point 7　飲食ビジネスは人を育てることで成長する

		氏名									
			一次　印					最終　印			
5点 非常にすぐれている		点数	視点ウェイト	小計	合計	項目ウェイト	総合計	点数	視点ウェイト	小計	合計	項目ウェイト	総合計
目標基準を大幅に達成できた。（120％以上）			0.30						0.30				
			0.50			0.2			0.50			0.2	
目標基準を大幅に達成できた。（130％以上）			0.20						0.20				
1店舗の店舗運営知識は完全に持ち合わせ、発揮していた。			0.20						0.10				
着眼点2項目共にまんべんなく実践できていた上で、その工夫がほかの店にも展開されるよう努力し、実際に展開された。			0.10						0.10				
自社で決められているレシピ、マニュアルの実践に必要な接客調理技術は完全に持ち合わせ、発揮していた。			0.20		0.3				0.20		0.3		
全てを教えなくても自らの判断で、理解することができ、そのことを人に伝えられるレベルを早期に習得できていた。			0.20						0.30				
相談で会社の課題に気付き、その課題に対応していた。			0.30						0.30				
自身が実行するだけでなく、理念の奥底に流れる考え方を他者に共有していた。			0.10						0.10				
会社全体の中で主体的にコンセンサスを取ることで、事業としての大きな成果が出せるよう注力した。			0.30						0.30				
職場の規律性を生み出す原動力になっており、組織に大きな影響を与え続けた。			0.30		0.5				0.30		0.5		
自分自身の仕事はやり切りながら、組織としての仕事も終わらせることが出来るようサポートしていた。			0.10						0.10				
常に工夫・改善に努め、苦しい仕事にも自ら進んで取り組み、安心してどんな仕事でもまかせることができた。			0.20						0.20				
評価点小計						／5						／5	
（加減点調整）													
最終評価点合計						／5						／5	
評価ランク													

103

あります。昇給により、従業員のやる気を刺激するのは大いにけっこうですが、業績を切り離して考えることはできません。業績に連動して人件費を決定するシステムにすることが重要です**(表11)**。

◈ 会社は「給料を高くもらってほしい」を表現する
　……教育制度

　会社は、評価制度によって従業員を評価して等級や報酬を決め、次の目標を設定して、彼らを育てていかないといけません。そのための人事制度と言えます。

　例えば、評価シートで×がついてしまったけれど、ここを○にしたい。そのためには、どうすればいい？　ということに答えてくれるのが、教育制度です。

　等級別ブラッシュアップ研修、キャリアアップ研修、業務対応研修……など、いろいろな教育を用意して、従業員の成長を応援していることを伝えることができます。「頑張って評価を上げて、もっと給料をもらって」と。

　ところが、評価を○にしたいけれど……というとき、教育制度がないと「そんなの自分で考えろ！」と突き放されているようなもの。評価しっ放しでは、せっかく芽生えた向上心も、やる気も、成長へと結びつかないまま萎んでしまうかもしれません。

　会社に「お世話になっている」とか「応援してもらっている」という気持ちが持てませんから、何かあればすぐにやめてしまわないとも限りません。

　人材をしっかり育てようとすれば、昇進していく流れを作って、それに沿った研修を用意するのです。

　例えば、「入社したら、まずこんな研修を受けます。翌月にはこの研修、次はこの研修」と説明し三つ受けたら、自分の目指したい

(表11)

賃金テーブルの例

イタリアンレストラン○○ 店舗勤務者用賃金表　定額深夜手当70時間分込み（管理職は20時間分込み）

級数	号数	一般職 (別途時間外手当支給) 基本給	合計	時給換算	深夜70h分	級数	号数	監督職 (別途時間外手当支給) 基本給	合計	時給換算	深夜70h分	級数	号数	管理職 (時間外手当つきません) 基本給	合計	時給換算	深夜20h分
	40	200,000	221,000	1,156	21,000		40	252,000	278,000	1,457	26,000		40	530,000	546,000	3,064	16,000
	39	199,000	220,000	1,150	21,000		39	250,500	276,500	1,448	26,000		39	525,000	541,000	3,035	16,000
	38	198,000	219,000	1,145	21,000		38	249,000	275,000	1,439	26,000		38	520,000	536,000	3,006	16,000
	37	197,000	217,000	1,139	20,000		37	247,500	273,500	1,431	26,000		37	515,000	530,000	2,977	15,000
	36	196,000	216,000	1,133	20,000		36	246,000	271,000	1,422	25,000		36	510,000	525,000	2,948	15,000
	35	195,000	215,000	1,127	20,000		35	244,500	269,500	1,413	25,000		35	505,000	520,000	2,919	15,000
	34	194,000	214,000	1,121	20,000		34	243,000	268,000	1,405	25,000		34	500,000	515,000	2,890	15,000
	33	193,000	213,000	1,116	20,000		33	241,500	266,500	1,396	25,000		33	495,000	510,000	2,861	15,000
	32	192,000	212,000	1,110	20,000		32	240,000	265,000	1,387	25,000		32	490,000	505,000	2,832	15,000
	31	191,000	211,000	1,104	20,000		31	238,500	263,500	1,379	25,000		31	485,000	500,000	2,803	15,000
1級	30	190,000	210,000	1,098	20,000	1級	30	237,000	261,000	1,370	24,000		30	480,000	494,000	2,775	14,000
	29	189,000	209,000	1,092	20,000		29	235,500	259,500	1,361	24,000		29	475,000	489,000	2,746	14,000
	28	188,000	208,000	1,087	20,000		28	234,000	258,000	1,353	24,000		28	470,000	484,000	2,717	14,000
	27	187,000	206,000	1,081	19,000		27	232,500	256,500	1,344	24,000		27	465,000	479,000	2,688	14,000
	26	186,000	205,000	1,075	19,000		26	231,000	255,000	1,335	24,000		26	460,000	474,000	2,659	14,000
	25	185,000	204,000	1,069	19,000		25	229,500	253,500	1,327	24,000		25	455,000	469,000	2,630	14,000
	24	184,000	203,000	1,064	19,000		24	228,000	252,000	1,318	24,000		24	450,000	464,000	2,601	14,000
	23	183,000	202,000	1,058	19,000		23	226,500	249,500	1,309	23,000		23	445,000	458,000	2,572	13,000
	22	182,000	201,000	1,052	19,000		22	225,000	248,000	1,301	23,000		22	440,000	453,000	2,543	13,000
	21	181,000	200,000	1,046	19,000		21	223,500	246,500	1,292	23,000		21	435,000	448,000	2,514	13,000
	20	180,000	199,000	1,040	19,000		20	222,000	245,000	1,283	23,000		20	430,000	443,000	2,486	13,000
	19	179,000	198,000	1,035	19,000		19	220,500	243,500	1,275	23,000		19	427,000	440,000	2,468	13,000
	18	178,000	197,000	1,029	19,000		18	219,000	242,000	1,266	23,000		18	424,000	437,000	2,451	13,000
	17	177,000	195,000	1,023	18,000		17	217,500	240,500	1,257	23,000		17	421,000	434,000	2,434	13,000
	16	176,000	194,000	1,017	18,000		16	216,000	238,500	1,249	22,000		16	418,000	431,000	2,416	13,000
	15	175,000	193,000	1,012	18,000		15	214,500	236,500	1,240	22,000		15	415,000	427,000	2,399	12,000
	14	174,000	192,000	1,006	18,000		14	213,000	235,000	1,231	22,000		14	412,000	424,000	2,382	12,000
2級	13	173,000	191,000	1,000	18,000	2級	13	211,500	233,500	1,223	22,000		13	409,000	421,000	2,364	12,000
	12	172,000	190,000	994	18,000		12	210,000	232,000	1,214	22,000		12	406,000	418,000	2,347	12,000
	11	171,000	189,000	988	18,000		11	208,500	230,500	1,205	22,000		11	403,000	415,000	2,329	12,000
	10	170,000	188,000	983	18,000		10	207,000	228,000	1,197	21,000		10	400,000	412,000	2,312	12,000
	9	169,000	187,000	977	18,000		9	205,500	226,500	1,188	21,000		9	397,000	409,000	2,295	12,000
	8	168,000	185,000	971	17,000		8	204,000	225,000	1,179	21,000		8	394,000	406,000	2,277	12,000
	7	167,000	184,000	965	17,000		7	202,500	223,500	1,171	21,000		7	391,000	403,000	2,260	12,000
	6	166,000	183,000	960	17,000		6	201,000	222,000	1,162	21,000		6	388,000	400,000	2,243	12,000
	5	165,000	182,000	954	17,000		5	199,500	220,500	1,153	21,000		5	385,000	397,000	2,225	12,000
	4	164,000	181,000	948	17,000		4	198,000	219,000	1,145	21,000		4	382,000	394,000	2,208	12,000
3級	3	163,000	180,000	942	17,000		3	196,500	216,500	1,136	20,000		3	379,000	390,000	2,191	11,000
	2	162,000	179,000	936	17,000		2	195,000	215,000	1,127	20,000		2	376,000	387,000	2,173	11,000
	1	161,000	178,000	931	17,000		1	193,500	213,500	1,118	20,000		1	373,000	384,000	2,156	11,000
	0	160,000	177,000	925	17,000		0	192,000	212,000	1,110	20,000		0	370,000	381,000	2,139	11,000

最低時給 924.86

Point 7　飲食ビジネスは人を育てることで成長する

キャリアを選択し、サービスでやっていくのか、キッチンに行くのかを面談で決めます。さらに、例えばサービスに行ったら、レジ業務、注文取り、料理提供、お客様意識、テーブルマナー、対応力など細かいサービス・チェックを受けて、全部パスしたら、検定試験、さらに資格取得などを経て、〇年で店舗の責任者になれる……というように、ルールを決めて育てていくしくみを作ります。

研修とチェック（試験）、この組み合わせで制度を運用していけば、従業員の成長を促すことができます。それは、必ず会社の成果につながります。

教育というのは、すぐに結果が出るわけではありません。少々遠回りにも見えますが、漢方薬のようなもので、対症療法で即効性はなくても健康な身体を作ってくれます。しっかりと育った人材は、会社の業績アップのための大きな力となってくれるでしょう。

◈ 制度変更を行うときの留意点

これまで人事制度の諸制度についてまとめてきましたが、変更する際の留意点について、簡単にまとめておきます。

ポイントは2つです。

1つは、諸制度は微妙な関係でつながっています。それらをそれぞれ別に変更していくことは、制度がうまく機能しない最も大きな要因となりますのでやめましょう。

私がご相談を受けたある飲食企業様では、制度を自分たちで勝手にちょこちょこいじってしまっており、私が見たときには、手の付けられない状況になっていました。元々、外部のコンサルタントに作ってもらったとのことで、それを見せてもらったのですが、完成当時はきちんと理屈も成り立っているよいものでした。が、社内でいろんなイレギュラー事項が発生し、勝手にどんどんカスタマイズしてしまって

いたのです。それでは、その制度がうまく機能するはずはありません。

　人事制度は単に「お金」を決めるためのものではなく、従業員のモチベーションをつかさどるエンジンだと考えるべきです。それを素人が勝手に操作することはエンジン自体が止まってしまう、即ち社の運営がうまくいかなくなってしまうことになりますので、注意してください。

　2つめは、関係する就業規則も同時に修正する、ということです。人事制度を変える際には、その変更内容が従業員にとって有利に働くものと、不利に働くものが混じるケースがほとんどです。このうち、不利に働くものだけを機能させることは「労働条件の不利益変更」とみなされ、行政から却下されかねないのです。ですので、単発で動かすのではなく、人事制度全体を見直す中での一要素であることを示して、正々堂々と説明できる状態を作るのが不可欠であり、就業規則の同時変更もその一環となるのです。

　就業規則変更は労働基準監督署への届け出が必要となりますので、留意しておきましょう。届け出がないと、その制度自体が無効扱いになる可能性すら出てきますので注意してください**(図20)**。

(図20)
制度変更はまとめて行うべき

人事制度改定プロジェクトで
ディスカッション、社内調整を図り、

せっかく良い制度案を作り上げたとしても・・・

制度改正には就業規則の変更が必要になるケースがほとんどです。

就業規則変更には、従業員の過半数代表者への説明が法律で求められています。この説明がうまくいかないため、制度移行がスムーズに進められないことがあります。

制度変更について、従業員側から見た良い面と悪い面をパッケージにして総合的に説明するのがよいでしょう。

Colum(コラム)
◆教育制度を作る際に理解しておくべきこと

　教育制度を作成する際には、理解していなければならない最低条件があります。

　それは「知識・技術・マインド」の違いについてです。

　つまり、知識を増やす、技術を高める、マインドを高める、それぞれ、やり方が違うということが理解できているか、ということです。

　先般も、顧問先のお客さんのところに行くと、社長からこんな会話が出てきました。

　「先生、最近の若い奴はダメですよね。教えているのに、ちっともできるようにならないんですよ」

　私は、逆に社長に質問を投げました。

　「社長、教えてもできるようにはなりませんよ」

　「？？？」

　どういうことなのかを、解説しておきます。

　教えて身につくのは「知識」です。知識があること＝わかりやすい言葉で言えば「知っている」となります。

　では、技術はどのようにして身につくのでしょうか？

　技術は「練習し、経験を積むこと」で身につきます。技術がある、技術が高いこと＝わかりやすい言葉で言えば「できる」となります。

　最後にマインド（やる気）はどのようにして高められるのでしょうか？

　マインドは「目標」が大切であると言われます。マインドが高いこと＝わかりやすい言葉で言えば「やる気がある」「実際にやる」となります。

　先ほどの社長は、ここで言う「知識」と「技術」を混同されていま

した。自転車に乗れない人に「自転車の乗り方」と書いてある本を読ませても乗れるようにはならない、ということを考えればわかる話です。その社長に私はこう言いました。
　「その社員にその仕事を何回くらい経験させたのですか？」
　「そんなもん、1回に決まってますやんか」
　「1回やって1回でできる人はなかなかいないのです。そういう人はセンスがいい人と言います。センスがいい人は経験回数が少なくてもパッとできてしまうこともありますが、大多数はそうではないと悟るべきですよ」
　説明したらご理解いただけたようで、それ以降、研修制度とOJT（職場内訓練）の体系整理を一緒に行いました。
　実施することによって、離職率は3分の1になり、ES（従業員満足度調査）でも数値が明らかに上昇傾向に変化していました。
　単純な話なのですが、「人を育てて活かす」と言っても、この原理原則が理解できていなくて、良い制度を作ることはできませんし、議論の土俵にすら上がれないのです**(図21)**。

(図21)
知らない、できない、やらないの違い

知識を習得させるには？（知らない⇒知っている）

・教える　　　△
・読ませる　　○
・勉強させる　◎

☆新人さんが勝手に勉強してくれるしくみを検討する

技術を身につけさせるには？（できない⇒できる）

・やらせてみる　　　○　　ただ時間がかかる
・経験を積ませる　　○　　ただ時間がかかる

☆技術習得の必要なものは機械化を図れないか検討する

やる気を高めさせるには？（やらない⇒やる！）

・話を聴いてあげる　　　○
・ほめる　　　△
・目標設定をフォローする　　◎

☆目標設定⇒評価を連動させる方法を検討する（人事制度）

Point 8

ダイバーシティー（多様な人材を活用する）プログラムの活用法

制度　持続的成長性を手に入れるために

◇ 多彩な雇用形態で働きやすく

　前に触れた短時間正社員制度のように、社員とパートタイマーだけでないやり方を取り入れることで、店長や社員がいなくても店を回していける人を増やすことが、トータルの労働時間削減、生産性のアップに有効です。

　短時間正社員は、やはり中心となるのは女性でしょう。女性の中には、生涯にわたって同じ仕事に身を投じることができないという人が少なくありません。例えば、妊娠・出産、子育てなどいずれかのタイミングで、いったん仕事から離れたい、働く時間を短くしたい……というニーズが出てくることがほとんどです。

　そんなときに、それを受け入れることができる制度を持っているということは、従業員だけでなく、会社にとっても非常にメリットがあります。新たな採用を行って、教育に時間やコストをかけるよりも、短時間でも店をまかせられる人がいることで、営業が安定します。

　また、女性の中には、子どもや家庭の事情で、その地域から離

れられないこともあります。そんな場合には、先に説明した地域限定社員・店舗限定社員などの制度をつくるとよいでしょう。文字通り、地域や店舗限定で転勤はなし、というルールを決めておくのです。

実際、社員になってもらおうとするとき、よく聞かれるのが「異動はできないから、パートでいい」という返事です。社員のようにフルタイムで働きたいけれど、異動は困る。そういう人にぴったりで、特に、子育てが終わった主婦の人たちには非常に喜ばれる提示になっています。

長時間働いてもらおうとすると、これもよく言われる「103万円の壁」つまり、所得税、扶養控除の限度額（2018年から所得税は150万円から発生）を気にする人もいるようですが、家計にとってプラスになるライン以上に稼げるようにロックすればよいのです。

「あなたには180万円は絶対稼いでもらいます。店はここです」と決めて、働いてもらうのです。

103万円の壁以内だと、ひと月に働けるのは大体80時間くらい。4時間×5日で週20時間です。この人が、もし毎日8時間働いてくれれば、週40時間、月160時間は働いてもらえることになり、店としてもとても助かるわけです。

「保険料など天引きも多くなるのでは？」と心配する人もいるようですが、店がヒマな時期でも160時間は確約されているので、収入は安定します。生活のリズムも安定しているので、従業員にとっても良い制度と言えます。

◇ 高齢者など働く人の特性を知る

慢性的な労働力不足の中、今もっとも注目したいのは、高齢者層です。私の顧問先でも、高齢者を上手に活用して、店が非常に繁盛している会社があります。働いている人の半分は、60代以上の高齢

Point 8 ダイバーシティー（多様な人材を活用する）プログラムの活用法

者です。

　特にキッチンでは７割近くを占めているようです。中には腰が曲がっている人もいますが、上の方に置いてあるものに手が届かないときなど、ひと声かければ誰かがサッと手を伸ばしてくれて……と、いい感じで助け合いながら、バリバリとはいかないまでも楽しく働いています。

　「高齢者の活用を……」という話をすると、よく「体力勝負なんで、ウチは無理」と言う人がいます。思い込みというか、ハナから無理と決めつけているのですが、本当にそうでしょうか。

　Part6の中で、効率化のために、店で行っている作業を一つひとつ洗い出してチェックする"作業の分解"が必要なことを述べましたが、この分解をしてみると、高齢者ができる作業がたくさんあることがわかります。分業化して、できる仕事だけ固めてやってもらえばよいのではないでしょうか。朝の準備、洗いもの、調理、掃除……そういう仕事をおまかせするだけでも、店は助かります。

　ただし、体力的には若い人とまったく同じというわけにはいきませんから、疲れないように配慮してあげるとよいでしょう。

　また、外食業の労災では腰痛がもっとも多く、転倒がそれに続きます。これらは、高齢者にも発症、発生が多くなっていますから、特に注意をしないといけません。

　腰痛の原因は、立ったり座ったりする作業が多いこと、また、重いものを持たなくてはならないケースがよくあるためと言えます。

　この対策としては、例えば某洋食チェーンレストランのように店内の「ケース入り瓶ビール」や「生樽」、「業務用小麦粉」のような重たいものの取り扱いを変更し、５ｋｇ以上のものは置かないように取り組んでいる企業などが出てきています。重いものを運ぶ必要がなくなれば、腰を痛めるリスクも減ります。また、調理台の高さも一般成人男性に合わせるのではなく、一番勤務する可能性の高い年齢層の人が負担

にならないような工夫が必要です。

　また、転倒を防ぐには、すべりにくい床、すべらない靴などを準備して対応するとよいでしょう。上に置いてあるものを取るときには、必ずこの脚立を使う……というようなルールを決めて対応することも重要です。

◆ 多様性に目を向けると労働力はまだまだある

　2018年4月1日より、従業員総数のうち2.2％を障害者の雇用とするよう法律が改正されました。この障害者には、今回の法改正から精神障害者も含まれることになりました。これにより、従業員45.5名以上がいる企業では、ひとりは障害のある人を雇用することになっているわけです。

　そのため、大手企業ではそういう人たちが働きやすいように、例えば、制服やリネン類をクリーニングする会社やセントラルキッチンの会社を作って入ってもらうこともあれば、本部で書類整理などをしてもらったりしていることも多いようです。

　それほどの規模の会社ではなくても、障害者の人たちに戦力として働いてもらうことも考えてみるとよいでしょう。

　私は、障害者の人たちの支援学校との関係を密にすることで、顧問先へ人材を紹介することも行っています。支援学校では、よく生徒に職業体験をさせるという時間があります。そんなとき、飲食関係の仕事を希望する人に、お店で体験してもらっています。そうした体験などから仕事の適性があり、本人の希望にも合っていれば、学校が人材を斡旋してくれるようになっていきます。学校としては、今後のこともありますから、本当に向いている人を紹介してくれています。

　実際、単純作業がすごく手早くできたり、根気強かったり、洗い物が得意だったり……それぞれ特徴はありますが、しっかり働いて

Point 8　ダイバーシティー（多様な人材を活用する）プログラムの活用法

もらえています。

　店や会社として、幅広い人材を求めるなら、支援学校だけでなく、高齢者ならシルバー人材センター、外国人なら日本語学校というように、そういう人たちが集まるしかけのあるところとつながりを持つことが大事だと思います。

　私は、支援企業から近い支援学校をはじめ、何校かをピックアップして、何度も足を運びました。そうやってチャンネルを作ったことで、この仕事に適性のある、いい人を紹介してもらえるようになりました。先生たちの方が、店に向いている生徒をよくわかってくれています。

　「いい人が欲しい」と言っているだけでは、誰も来てはくれません。とにかく自分から動かないことには、何も始まらないのです。

◇ 働く人のやり甲斐がロイヤリティーとなる

　働く人にとってのモチベーションと言えば、お金、地位、名誉の三つです。お金は賃金、地位は等級や役職、名誉は褒められたり、表彰されたりすることでしょうか。

　給与が上がれば「よし頑張るぞ！」という気持ちになりますし、昇進しても、表彰されても同様でしょう。

　「○○さん、本当によくやってくれたね」と、みんなの前で褒められるだけでも、うれしいですよね。また「1年間でこんな業績を残してくれたので表彰します。おめでとう！」と、表彰されて拍手をもらって……。こんな誇らしいことはないでしょう。それだけでも、「来年も頑張ろう」という気持ちになりますし、会社に対する忠誠心を抱くようになります。

　別にお金をかけなくても、従業員の意欲をアップすることはできるのです。人には、他の人から認められたいという欲求があります。それをくすぐってあげればよいのです。

従業員を認めてあげるような制度を作って対応することです。名誉を使って、やる気、忠誠心をくすぐるしくみを作ればよいのです。
　例えば、年間最優秀社員賞のような表彰制度を作ってみてはいかがでしょう。等級別の評価制度で、もっとも評価のよかった人とか、良い提案をした人などに授与するのです。提案は、非常にヒットしたメニューを考えたとか、業務の改善に貢献したとかいうことで表彰します。
　私も、まだ新人だった頃、お店のオペレーション改善という題でマニュアルを作り、会社に提案したところ、改善提案賞という賞の銀賞をもらいました。賞品は図書券か何かでしたが、とてもうれしかったのを今も覚えています。
　そこで作ったマニュアルが全社的に展開され、活用されることになり、非常に誇らしい気持ちになりました。
　このように、賞品は図書券のようなちょっとしたものでよいのです。ある会社では、店に石鹸300個が贈られたとか、買い替え予定のザルが授与されたというところもあります。
　お金の問題ではありません。高価なものなどなくても、店が盛り上がること間違いなし。何より、表彰された……という名誉が、働く人たちのモチベーションをアップするのです。

Point 8　ダイバーシティー（多様な人材を活用する）プログラムの活用法

Point 9

一度下がった評価の
ダメージは大きい

◆「やっちゃいけない」は就業規則で共有する

　野球で、バッターはボールを打ったら一塁に走ります。自分は「三塁がいい！」と、三塁に走ったら、ゲームになりませんね。誰も「まあ、三塁でもいいんじゃないの」とは言ってくれないでしょう。
　それが、野球のルールです。選手がルールを無視して、好き勝手なことをしていたら、試合が成立しなくなってしまいます。
　あなたの会社はいかがでしょうか。ちゃんとルールは守られていますか。
　例えば、11時が開店時間なのに、毎日11時ちょっと過ぎに入店してきて「遅刻していないから」などと悪びれずに言う従業員、5日間も無断で欠勤した後、何事もなかったように出てくる従業員……等々、明らかなルール違反には、ペナルティーが科せられなければなりません。
　「そんなルールあるんすか。聞いたことないけど」
　叱責に、そう言い返されてみれば、ルールなんて作ってなかった……それでは、ペナルティーも与えられないことになります。
　「そんなムカつくやつ、給料下げてやるからいいサ」などと言ってい

たら、逆に、こちらが訴えられて、ペナルティーを科せられるはめになります。

　会社のルールである「就業規則」がないと、ルール違反も、ペナルティーも存在しないことになります。それでは、会社の規律は守られません。

　ルールが作られてもいないのに、罰則のつもりで給料を下げたりすれば、賃下げになってしまいます。「ルールを守らないから、給料下げたんだ」と言えるためにも、やってはいけないことをルールとして、明文化することが必要です。

　ルールを作っても、ちゃんと文章にして従業員全員が読めるようにしておかないと作ったことにはなりませんので、注意してください。

　特に、社員が10人以上いる会社では、就業規則を作ることが義務付けされています。10人未満の場合は、就業規則がなくても問題はないのですが、作っておいた方がよいと思います。

　「就業規則なんて労働者にだけやさしい制度でしょ？」と、作るのをイヤがる経営者もいますが、むしろ逆。私は、就業規則は経営者の"お守り"だと思っています。

　なぜなら、就業規則の一つのねらいとして、違反した人をどう処分するかを決めておくことにより、処分を行うことが可能となってくるからです。規則なしで処分すれば、行政のチェックが入ったときに不利になるからです。その処分は認められないということになるケースがほとんどです。

　ほかにも、就業規則は、お店での労働時間、休日や報酬の決まりを決めたり、やってはいけないルールを決めたり、お店でトラブルが起こったときに責任をだれがどうとるのかを決めたりといろいろありますが、活用できることがたくさんあるのです。こういうものを用意せずにお店を経営する、ということは、トラブルが起きたときに助けてもらえる味方を作らずに営業しているのと同じことになります。

Point 9　一度下がった評価のダメージは大きい

会社というチームが一丸となってルールを守り、よりよい信頼関係を築いて、勝利を重ねていけるような規則作りをしませんか。

◇ 誰でもわかるハウスルールを作る

就業規則を作るとなると、どうしても難しい言葉を使って、わかりにくい内容のものになってしまうことが少なくありません。従業員も読む気が起こらず、トラブルか起きたときに「読んでないから、そんなルール知らなかった」などと言い逃れされることもあります。

そんなことのないように、飲食関係の会社がよくやっているのは、就業規則とは別に、『ハウスルール』と言って、もう少し簡単にルールを記したものを用意することです。

就業規則の方には、「『ハウスルール』で決められているルールを守らなかったときは……」という一文を載せて、罰則の規定を書き込んでおくのです。

そして、この就業規則やハウスルールは、従業員に周知させないといけません。ちゃんと説明をしたうえで、全員に配布するか、従業員の誰もが見られるところに置くか、パソコンなどによって自由に見られるようにしておく必要があります。

それをやらないと、行政のチェックが入ったときに不利になることがあります。特に、就業規則を行政に提出する際には、従業員が、規則について「ちゃんと説明を受けました」という書面を付けなければならないことになっています。

最近は、従業員の権利意識なども高まっている一方で、依然としてルールに対する意識が低いままの経営者が少なくないようです。その結果、両者のトラブルも増えて、「言った」「聞いてない」の泥仕合も後を絶ちません。

そんな無用のトラブルを防ぐ意味でも、就業規則、ハウスルールを

作って、日頃の業務が滞らないようにしたいものです。

「次のようなことをやってはいけません。罰せられます」ということで、例えば、つまみ食い、料理や食材の持ち帰り、ギャンブル、ケンカ、業務中の雑談やメール、勝手な値引き、着服……等々、現場で起こりがちなこと、実際にあって困ったことなどを挙げていって、自分たちのルールを決めるようにしましょう。

◇ 事業が成長するとコンプライアンスが要求される

従業員それぞれが、自分が働く会社の規則を守ることを求められるように、企業は、法律や社会良識を守って経営を行っていくことが求められます。それが、ここ数年よく耳にする「コンプライアンス」で、法令遵守などと訳されます。

飲食関係のコンプライアンス違反というと、食品や産地の偽装、メニュー・表示偽装などが大きな社会問題として、たびたびメディアでも騒がれましたが、脱税、適正な残業代の不払い、過剰な労働時間……などのトラブルは、枚挙に暇がないほど起きているのも事実です。これが、飲食業というと、ほとんどがブラック企業のようなイメージを持たれる所以かもしれません。

それだけに、そんなブラック企業はないかと、税務署や労基署は虎視眈々と様子をうかがっています。

特に、事業が大きく成長しているような会社には目を光らせている、と言ってよいでしょう。あそこ儲かっているけれど、ちゃんとやっているのだろうか。利益がたくさん出ているのに申告していないのがあるんじゃないの？ 従業員を働かせ過ぎじゃない？

ということで、「ちゃんとやっているか見ておこうか」と、監査や査察が入ることになるわけです。

通常なら、オーナーひとりで細々と営業しているようなところには、

Point 9 一度下がった評価のダメージは大きい

めったに査察が入ることはないようです。これが、従業員が30人、50人と成長していくほどに、誰か一人に問題が見つかれば、この人も、この人も……となって、罰金や未払い分の支払いなどを科せられ、企業の規模によっては、何千万円にも上るということも起きてきます。

　ですから、事業が成長しているほど気を引き締めて！　と言いたいです。

　「ウチは真っ白で、何もやましいことなんてない！」というところはともかく、ごまかす意識はなくても、労働時間オーバーや残業代その他、違反があれば、まず見逃してはくれません。ある会社に入った監査では、社員の出勤時間の確認に、セキュリティーシステムはもちろんのこと、ＰＣのログインタイムから、Suicaを使って最寄り駅を通過した時間まで調べて、矛盾を指摘されたという話もあります。

　プロの目はごまかせません。いざというときのためにも、日頃から、会社も従業員もルールを守ることを徹底したいものです。

◆「菊を洗って使い回す」など絶対ＮＧ！

　ひと昔前、食材の産地偽装などで廃業を余儀なくされた某有名料亭がありました。騒動のさなか、食べ残しの使い回しまで発覚して、さらに非難が集中したことを覚えている人も多いことでしょう。

　料理に添えてある菊の花や大葉、パセリ、アジの骨……手をつけていないのだからかまわないだろう、などと言うのはもってのほか。コンプライアンス的にもＮＧですが、これは、明らかに別のルール、食品衛生の面からも禁止されるべき重大事です。

　軽い気持ちでやったことで、万が一、食中毒患者でも出そうものなら、料亭の例を見るまでもなく、店は存続の危機に陥らないとも限りません。

　あるお客さんのお店では、こんなことがありました。

店の警報が鳴ったので、セキュリティーの人が見に行ったら、金庫が盗まれていました。捜査中に、店の近所で扉が開かずに捨てられている金庫を発見。これにて、一件落着となるところでしたが、大変だったのはその後でした。

　というのも、犯人はキッチンにも入った形跡があったのです。それでは、犯人がキッチンで何をしたか、何を持ち込んだのかわかりません。毒を入れていないとも限りませんから、用意してあった食材も、仕込んであった料理もすべて廃棄。そのせいで、1日営業を休むハメになってしまったのです。

　お金は盗まれませんでしたが、店にとっては大きなダメージを受けることになってしまいました。それでも「お金を盗まれなかったから、平気平気……」というわけにはいかないのです。

　食べものは、それを食べて事故が起きたら、取り返しがつきません。それだけに、安全に清潔に取り扱う、ということを厳しく指導する必要があります。

　こうしたことも含めてハウスルールを作り、やってはいけないことは確実に浸透させるしくみを整えて、きちんと運用していきましょう。

　それを怠っていると、トラブルになったときに逃げ道がありません。自分の首を絞めることになってしまいます。ルールは、経営者の守り神なのですから。

Point 9　一度下がった評価のダメージは大きい

Point 10

メンタル疾患が発生し続ける制度になっていないか

◆「会社を辞めたい」と言われたら

「あのぉ、会社を辞めたいのですが……」

　もし突然、部下や社員からこう言われたら、あなたはどう答えますか。何とか相談にのってあげようと、こんなふうに言ってはいないでしょうか。

「一体どうしたの？」「何で？」「何があったの？」「いつからそんなことを……」

　これらは、残念ながら的確な受け答えとは言えません。

　相手は悩んで相談に来たのだから、解決してやらないと……と思うあまり、まずは事情を把握したいとあれこれ聞きたくなる気持ちはわかりますが、ちょっと待ってください。

　When（いつ）、Where（どこで）、Who（誰）、Why（なぜ）、What（何）、How（どのように）、How many（どのくらい）、How much（いくら）……このような「5W3H」で具体的に聞き出し、問題を"見える化"するというのは、問題を解決するための定番の手法ですが、

「辞めたい」と悩んでいる人に、これを聞いていくのは愚問です。まず、引き止めることはできないでしょう。

上の者からすれば「引き止めたいから問題を解決しようとしているのに……」というところでしょうか。でも、これでは、たとえ悪気はなくても、どんどん問い詰めていって、解決するどころか相手を追い込むことになりかねません。それで心を病んでしまう人も、ときにはいるようです。止めてもらおうと相談しただけなのに、追い込まれてしまって「もう続けられない」ということになることもあります。

では、どうしたらよいのでしょう。それは、次のような聞き方をしてみるのです。

 （椅子に腰かける）
 あなた「話があるって聞いたけど、何？」
 社員「あのぉ、会社を辞めたいんですけど……」
 あなた「会社を辞めたい……」
 社員「はい……」
 あなた「……（黙って相手の目を見て、うなずく）」
 社員「……そうなんです……、一生懸命やっているのに成長しないし、状況が変わってこないんで……」
 あなた「……（黙って相手の目を見て、うなずく）」
 社員「……自分なりには一生懸命にやっているつもりなのですけど、失敗ばっかりでこれ以上迷惑をかけたくないんです……」
 あなた「……迷惑をかけたくない……」
 社員「……」
 あなた「……」
 社員「辞めたほうがお店の人も働きやすくなると思うし、私も気持ちが楽になれます」
 あなた「……」

Point 10 メンタル疾患が発生し続ける制度になっていないか

社員「……」

　そう、こちらが相手の鏡となり、相手の言っていることに耳を傾け、小さく繰り返しながら相手に気づきを与えていくのです。このように返しながら、相手の言うことに耳を傾けます。積極的傾聴法などとも言いますが、そういうカウンセリング的な技法によって相手の心の中を探っていけるようなスキルを身につけないと、ビジネスはうまくやっていけません。

　上に立つ者としては、あれこれ聞き出そうとして追い込むのではなく、そういう傾聴ができるような訓練くらいは受けておくことが必要なのではないでしょうか。いろんなカウンセリングやコーチングのような養成スクールがありますので、自分に合うものを受け、トレーニングしておくことも大切です。

◆「深夜営業は普通」は経営者の認識不足

　少しでも長い時間営業をして、できるだけ売上げを伸ばしたい……そう考える経営者もいるようです。そんな人たちは、深夜も営業するというのが、そう容易なことではないことをわかっていないのではないでしょうか。

「別に、昼働こうが夜中に働こうが変わりないでしょ。8時間は8時間なんだから……」

　と言う人もいるかもしれませんが、本来なら人が寝ているはずの時間に働く、というのは、いろいろな意味で、リスクを秘めているのです。

　深夜の労働は、日中の労働に比べて健康を損ねる原因になりやすいと言われています。特に、メンタル疾患を引き起こす率が高いようです。

　労働安全衛生法では、深夜業務は、特定業務従事者として年2回

（通常は年1回）の定期健康診断を義務付けられています。

　この特定業務従事者には、例えば、放射線や有害物・有害ガスなどを取り扱う業務、削岩機などを取り扱う業務、坑内業務など危険を伴う業務がズラリと並んでいることを見ても、深夜業務が「昼働くのと変わらない」ものではない、リスクの高い業務だということがわかるのではないでしょうか。

　しかも深夜労働には賃金の0.25倍の深夜勤務手当をつけないといけません。高コストでの運営になってしまうこともあり、売上げに見合っていないケースも目立ちます。

　どうしても深夜営業をしないといけない業態でない限りは、極力深夜の営業は避けたほうが、従業員の負担も、労災のリスクも少なくてすみます。

　最近は24時間営業のチェーンレストランが24時間営業をやめたり、深夜営業の時間を短縮したりする動きが目立つようになってきました。そのリスクが少しずつ認知されはじめたように思いますが、業界的にはまだまだ進んではいません。固定費を回収する目的でやみくもに営業時間を長くしなくても、効率よく営業していけば、売上げを伸ばす方法はいくらでもあると思います。

　また、深夜に限らなくても、過剰な労働は心身の健康を損ねることは言うまでもないでしょう。今、労災認定の過労死ライン（俗称）というのがあって、以下の場合には、仮に該当者が自殺……などの場合には、仕事が原因の過労死と判定される可能性が極めて高くなります。

①1か月に100時間を超える残業をした場合

②平均80時間の残業を6か月間継続している場合

Point 10 メンタル疾患が発生し続ける制度になっていないか

「80時間くらいウチでは普通にやってるよ……」などという会社は、即刻改めないといけません。仕事が原因で過労死と判定されるということは、会社に責任がある、ということとなり、この後発生する民事訴訟でも負ける可能性が高くなります。それに、何よりインターネットなどにその情報が拡散し、ブラック企業であることが瞬く間に広まってしまいます。それでは事業の継続運営が難しくなってしまいます。

また、次の③に該当するなら黄信号、要注意です。

③残業時間が月45時間以上80時間未満の場合

この基準に該当する、毎月50～60時間くらい残業している人が亡くなったような場合には、日頃の勤務状況などのヒアリングが行われ、業務に原因があるのか、プライベートなのかの判断がなされることになります。

万が一、会社に原因があるとなれば、やはり事業を続けることが難しくなります。社会的な制裁も受けることになるでしょう。

そんなことになる前に、どんなに働いたとしても残業は45時間以内に抑えるやり方にシフトしませんか。無理にランチ営業をしなくても、夜中遅くまで営業をしなくてもすむ方法を考えましょう。

「たかが50時間くらい」などとタカをくくっていると、会社の死活問題にまで発展しかねないということを肝に銘じておきたいものです。

◈ メンタルヘルスの基礎知識

職場でのストレスなどからメンタル疾患を起こす労働者が、とても多くなっています。深夜労働に過剰な長時間労働、パワハラ、セクハラ、対人関係トラブル、仕事上の失敗その他……原因はさまざまですが、会社としてはきちんと対応して、その人の職場復帰を支援するし

くみを整える必要があります。

次のような5つのステップに従って、職場復帰できるようにバックアップしていくとよいでしょう。

Step1　病気休業開始＆休業中のケア
Step2　主治医による職場復帰可能の判断
Step3　職場復帰の可否の判断＆職場復帰支援プランの作成
Step4　最終的な職場復帰の可能性
　　　　（職場復帰）
Step5　復帰後のフォローアップ

メンタル疾患と思われるときに、まずやらないといけないことは、診断書を提出してもらうことです。患者本人は、受診すること、仕事を休まないといけなくなることを怖れて、提出を拒むこともありますが、「就業規則で決まっていることなので……」と強く促して、必ず提出してもらいます。そうしないと、場合によっては会社が「見て見ぬふりをした」として責任を問われることもありますので注意してください。

診断書を出してもらったら、速やかに休ませないといけません。それが、安全に配慮する、ということになるのです。

「シフトが回らなくなるから」とか「あと1週間、何とか頑張ってほしい」などと言っていると、後々のリスクの引き金になりかねません。その従業員が出勤したら、会社は認識していた。認識していたのに手を打たなかった……ということで、配慮を怠ったことになります。

また、休業に当たっては、会社から健康保険の傷病手当金、労災の休業補填などについて説明をする必要があります。

特に、通常使われる健康保険の傷病手当金（わかりやすく言えば、休業補償費）では、診断書の提出とともにタイマーのスイッチが入る

Point 10　メンタル疾患が発生し続ける制度になっていないか

と考えるとわかりやすいです。タイマーがセットされている1年半先までは、休んでいる間、1日ごとに給料日額の2／3の支給を受けられます。その間は、安心して休むことができるわけです。

ただし、もし2週間くらいで戻ってきた場合、例えば1年3か月後に同じ病気が再発したとすると、タイマーの残り時間は約2か月。その間しか、手当は支給されません。それで治らなければ、その先の治療期間は、ずっと収入がゼロになってしまいます。

ですから、復帰するためには、しっかり完治させないといけません。それも自己申告ではなく、主治医の判断が必要です。「職場復帰できる」と書かれた診断書がない限り、素人の判断で決めないことが重要です。

メンタルヘルスの不調の場合、**(図22)** のように症状がよくなったり、悪くなったりを繰り返しながら、徐々に回復していきます。症状が安定して継続期に入ったようなら、職場復帰を検討します。

そして、治ったことが証明されても、いきなり復帰させないことが重要です。最初は、通勤だけを試す"試し通勤"、途中の○○まで来てみる"模擬通勤"、例えば、2時間だけ……などと少し働いてみる"リハビリ勤務"、期間を決めて時間を少なめに働いてみる"勤務軽減期間"などで様子を見ながら、本格的な復帰を目指します。

復帰後は、「病院に行ってる？」「薬飲んでる？」などと確認したり、職場での状況を見極めたりと、フォローアップをしていくことが必要です。治ったらそのまま放ったらかし……では、法律上の安全配慮の義務違反に問われかねません。

(図22)

メンタル疾患の症状変化

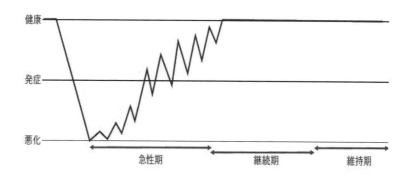

メンタル疾患は急には良くなりません。
徐々に良くなっていきます。
また、健康に戻ったように見えても、「継続期」の期間中は再発の危険がありますので、注意が必要です。
再発しやすい病であることを重々理解してください。

Point 11

安心の労務管理が
モチベーションを高める

◆ **就業規則に従うのも、まずは契約から**

　従業員に働いてもらうには、必ず労働契約を結ぶ必要があります。その契約書には、以下の事柄が明示されていないと契約書として認められないというルールがありますから、注意してください。

・契約期間　・就業する場所　・始業、終業の時刻
・残業の有無
・休憩、休日、休暇に関すること　・給与　・退職

　また、パートやアルバイトに対しては、次の事柄も契約書に記載して確認しておかないといけません。

・昇給の有無　・退職手当の有無　・賞与の有無　・相談窓口

　私も飲食店のお客さんのところへ訪問する機会が多いのですが、特に中小の飲食業であると、半分以上はこういう契約をきちんと結

べていないのではないでしょうか。例えば「LINE で契約しています」とか、「ちゃんと説明しました」とかおっしゃるところがあるのです。労働契約書を「書面で」作成することは、労働基準法で義務付けされています。契約を結ばずに働いてもらった場合、何かあったときに大きなトラブルになりかねません。

「そんな面倒なもの、なくたって関係ないよ」などと軽く考えず、やるべきことはしっかりとやっておくことが大切です。

ちなみに、就業規則を働く本人に渡して、労働契約に書かれているべきことがすべて網羅されている場合は、労働契約書の作成はなくてもよくなります。契約書をいちいち作成するのが面倒だ、という方は就業規則の作成も検討してみてください。

次に、契約を結んで働いてもらった人にやめてもらう場合、労働契約書に書かれている契約期間が非常に重要です。

契約書に記載されている契約期間の終了にともなって契約を終了する場合を「雇止め」といいますが、これは契約通りですので、原則として問題にはなりません。

ところが、契約期間内であるにもかかわらず、契約を一方的に打ち切ることを「解雇」といい、就業規則に定めた「懲戒解雇」以外は原則的に法律では認められていません。

ただし、例外的に「整理解雇」といって、解雇が有効になるケースもあります。それは、会社の存続が難しくなった場合に、経営上必要とされる人員削減のための解雇で、次の4つの要件が必要です。

・客観的に人員削減の必要性があり、社会通念上相当と認められること
・解雇回避の努力を尽くしたこと
・解雇される人の選定方法が合理的で公平であること
・事前に解雇の予告、十分な説明がなされ、手続きが相当であること

Point 11 安心の労務管理がモチベーションを高める

この要件を見ていただき、「就業規則で懲戒解雇の規定をしておかないと、解雇を行うのは法的にかなり難しい」ということがおわかりいただけることでしょう。逆に言えば、採用するときに採用してよい人かをきちんと確認し、契約する際、将来雇止めを行う可能性があるなら「契約の期間」、懲戒を行う可能性があるなら「遵守してほしいこと」や「懲戒の規定」をきちんと説明しておかなければならないのです。

　雇止めについては、ひとつ重要なポイントがあります。
　契約期間が切れるのだから、誰であろうとやめてもらえるかというと、そうとは限らないケースもあります。例えば、1年契約を15回更新してきた従業員に対して、今の契約期間が終わったら雇止めをしようと考えていたとしても、実際にはかなり難しいのです。
　というのは、契約更新を3回以上繰り返して働いてもらっている人の場合は、無期雇用契約に近い扱いになります。この場合、事情があって、事前に「今回は更新しますが、次の契約更新はありません」という説明が会社側からあり、お互いが合意をしていれば大丈夫ですが、毎年更新していたものを急に理由もなく切るということは過去の裁判例から否定されてきています。
　契約も退職も労務管理の基本であり、非常に大事なことですから、ひと通りのルールは、しっかりと把握しておきましょう。わからないことは労務のプロに相談して、確認を取りながら進めるのがよいでしょう。

◆ ハラスメントは大丈夫？

　職場でのセクハラ、パワハラが増加し、社会問題になっています。「ウチはそんなこと関係ないよ」などと思っているのは、あなただけかもしれません。意外と身近なところで、訴えられても仕方のない

ような行為、言動が起きているかもしれません。

そもそもハラスメントとは、他者を不快にする行動や嫌がらせのことを言います。ただ、ここで大事なのは、ハラスメントは、その行為を行った側の心情とは関係なく、受けた側の心情による、ということです。

ということは、やった本人には全く悪気がなく、相手も了解していると思い込んでいた行為でも、相手が不快と感じればハラスメントになるということです。

実際に飲食関係であったセクハラが新聞沙汰になった例を挙げておきます。

あるレストランの女性契約社員が、男性の副店長に体を触られるなどのセクハラや、勤務が重なるようにシフトを組まれるなどのストーカー行為を受け、その副店長が繰り返し女性の自宅を訪れるようになった結果、苦にしたその女性が自宅ベランダで首をつって自殺したというのです。この件では、会社も社員に安全に職場で働かせるという義務を怠ったとして、併せて訴えられています。こうなってくるとたかがセクハラ、ではすまされないわけです。

次に、もう一例、今度はパワハラのケースを挙げておきます。

飲食店チェーンの店長だった男性が、常に1日12時間以上働き、休日もほとんどない勤務を強いられ、ミスのたびに上司から頭をなぐられるといった暴行を受けるなど、社会的な限度を超える暴言や嫌がらせ、プライベートへの干渉があったことなども重なり、自殺してしまったのです。この件では経営会社とその会社の社長、上司に合わせて約5790万円の支払いを命じる判決が出ています。昔ながらの指導と丁稚奉公的な勤務管理では、今の世の中は通用しなくなっているのです。

こうした行為は、飲食関係の企業や店舗でかなり多く起きていますが、一般の企業に比べて、ハラスメントに関する規定のないところ

Point 11 安心の労務管理がモチベーションを高める

が多いようです。規定がないことにより、社長の知らないところでハラスメントが行われた場合、その社員をとがめることができなくなってしまいます。

　つまり、そういう規定を作って、それに抵触しないように勤務しないと懲戒になる……ということを就業規則に記載しておくことが重要です。

　それをしておかないと、何かあったときに会社のコンプライアンスが問われることにもなりかねません。被害者がメンタルに障害を起こすこともあり得ますし、会社が安全配慮義務を怠ったと判断されることもあります。万が一、その社員が自殺行為などすることになると、会社の社会的信用は無になってしまいます。つまり、ハラスメント行為を放置することは皆さんの会社が実害を被るということになりかねない、と考えなければなりません。

Colum コラム

◆あなたはいくつわかりますか？
労務管理クイズ

　従業員にとっても、モチベーション低下の悪影響しかないでしょう。「そんなこと知らなかった」と言っても後の祭りです。日頃から、労務についても勉強しておきたいもの。まずは、次のクイズに答えてみてください。あなたは、どのくらいわかりますか。（正解は139ページ）

①出産後半年の女性従業員が、深夜の勤務をしてもいいと言ってきましたが、働かせても大丈夫？
②出社して11か月のアルバイトに有給休暇は必要？
③3年働いているパートが有給休暇申請を出してきました。その日は業務が忙しく、休んでもらいたくありませんが、休ませなくても大丈夫？
④月80時間の時間外労働では、割増賃金は25％支払えばいい？
⑤パートの求人広告にて時給1100円で募集をかけたところ、たくさんの応募が来ました。その為、少し採用人数を絞るために、採用時給を下げる交渉を各人と行い、承諾した人を採用することにしました。問題はない。
⑥労働契約書に試雇い期間1か月と設定していますが、入社3週間の社員に「明日から来なくていい」と、即時解雇してもかまわない？
⑦従業員が勤務を終えて玄関を出ようとしたとき、突然、天井の照明が落下して直撃。その人は亡くなりましたが、労働災害になる？
⑧店から帰る途中、家で子どもの看病をするための買い物をした後、

Point 11　安心の労務管理がモチベーションを高める

家に向かっているとき、車にぶつかって亡くなったのは労働災害になる？
⑨アルバイトが凍結肉を運んでいるときに、誤って手を滑らせ、足の上に肉が落ちて骨折。「業務上ケガをして働けないのだから、休業補償して」と言われましたが、労災保険から休業補償は出る？
⑩フルタイムで働く社員が1か月130時間の残業で過労死。シフトを組んでいたのは店長で、アルバイトの採用権限も店長に与えられていました。店長には責任がない？　また、社長には？

　労務管理を行う上では、法律上の「線引き」がどこでなされているのかをきちんと把握しておく必要があります。これをわからずに行動していると、いつの日か、行政機関が立ち入り、莫大なコストや労力が発生してしまうことになりかねないのです。
　ただし、その線引きは例外規定があったり、裁判の例で要件が微妙に変わったりするなど、難しいものがあります。ここも自社内で対応するのが難しい場合は、労務のプロに労務監査などのチェックを定期的にしてもらうのがよいでしょう。

労務管理クイズ　解答

①大丈夫です。
ただし、本人がNOと言っているのに深夜勤務させることはできません。また、この取り扱いは管理監督者にも適用されます。

②原則必要です（契約内容によります）。
週1日しか働いてなくても、1日3時間しか働いてなくても、雇い入れた日から6か月経った人には、契約した際に働く日として約束した日の8割以上出勤していた場合は有給休暇が必要です。

③休む日をほかの日に変えてもらうことはできます。
（逆に言えば、有給休暇を希望されたのに取らせない、ということはできません）

④会社の規模によりOKな場合とダメな場合があります。
飲食店の場合は、資本金（又は出資額）5000万円以下または常時使用する従業員数50人以下に当てはまらない場合は、時間外労働60時間を超えた分の割増率は50％となります。

⑤採用するまでであれば法令上は問題ないが、道義的に問題が出ます。
お店や企業の信用にかかわる行為ですので、そういう行為は止めましょう。最近はネットに書き込みをされてしまう時代です。

⑥ダメです。
就業規則に試用期間が1か月と書いてあっても、14日を超えて引き続き使用された人は、解雇予告が必要になるため、即時解雇ができません。

⑦なります。
労働災害には、仕事中の災害（業務災害）と、通勤中の災害（通勤災害）が含まれます。このケースの場合は、敷地内ですので、業務災害になると思われます。

⑧なる可能性があります。
通常、通勤経路から外れた場合、その経路外になった地点以降は労働災害に認定されませんが、日常生活に必要なやむを得ない理由である場合は、認定が下りる可能性があります。

⑨出ます。
アルバイトでも労働災害には変わりありません。

⑩社長はもちろん、店長も責任を問われる可能性があります。
「安全配慮義務」という言葉が使われるようになり、責任範囲はより実態に近いところまで及ぶようになってきています。

Point 11　安心の労務管理がモチベーションを高める

【業績アップ】

Point 12

助成金制度を活用して成長しよう

◇ "人"は会社の大事な資産

　決算期などに使われる貸借対照表（**表12**）のことはご存知でしょうか。そう、会社の財政がどういう状態にあるのかを資産、負債、純資産から見るバランスシートのことですね。会社がどんな財産を持っていて、その基になるお金（負債、純資産）はどうやって集めたかがわかります。負債＋純資産＝資産となり、現金、預金、手形、株、土地、建物などプラスの財産だけでなく、借入金などマイナスの財産も加えられますが、"人"は含まれていません。
　では、人はどこに入るかと言えば、損益計算書（PL）を見ると、販売費及び一般管理費の中の「給与、手当」として、初めて登場してきます。この帳票は会社の経営成績を見るもので、収益から原価、人件費、物件費などの費用を引いたものが利益となります。つまり、帳簿上は、人は費用でしかないわけです。費用は、使えば流れていってしまうもので、残らない。だから、人や教育にお金をかけたくな

(表12)

貸借対照表・損益計算書

※ 貸借対照表（B/S）…お金の調達先と使い道を記した表

お金の使い道（資産の部）	お金の調達方法（負債・純資産の部）
【流動資産】 ◆ 1年以内に現金になる資産（財産）のグループ	【流動負債】 ◆ 1年以内に支払期限がくる借金のグループ
【固定資産】 ◆ 建物や機械など長期使用する資産や、1年で現金化しにくいもののグループ	【固定負債】 ◆ 1年を超えて支払期限がくる、又は当分の間支払期限がこない借金のグループ
【投資・その他】 ◆ 投資目的で持っているものなど、流動資産、固定資産で分けることのできない資産のグループ	【純資産（≒自己資本、株主資本）】 ◆ 借金ではなく、株主からの出資金、自社で貯めた利益など返済不要なもののグループ

左 ＝ 右

左（資産の部）と右（負債・純資産の部）はそれぞれの合計どうしが同じ数量になります。
（そのため、バランスシートと呼びます）
※ここに「人」のことは入っていません。「人」は会計上、資産とは認められません。

※ 損益計算書（P/L）…期間の利益を計算する表

売上高				***
売上原価				
	期首製品棚卸高	***		
	当期製品製造原価	***		
	合計	***		
	期末製品棚卸高	***	(−) ***	
売上総利益				**
販売費及び一般管理費				
	給与・手当	***		
	福利厚生費	***		
	広告宣伝費	***		
	租税公課	***		
	減価償却費	***		
	など	***	(−) ***	
営業利益				**
営業外収益				
	受取利息	**	(＋) **	
営業外費用				
	支払利息・割引料	**	(−) **	
経常利益				**
特別収益				
	固定資産売却益	**	(＋) **	
特別損失				
	火災損失	**	(−) **	
税引前当期利益				**
法人税、住民税		**	(−) **	
当期純利益				**

Point 12　助成金制度を活用して成長しよう

いという会社をよく見かけます。

　というのも、貸借対照表などには載りませんが、いい従業員がいる会社は、利益を増やせる会社だと思います。これこそが人的資産で、いい人が増える状況になれば、高い生産性を発揮できるようになります。帳簿には載らず、お金が流れていくだけに見えても、実は、見えない資産が増えているのです。

　会社を強くしたいなら、この大事な財産である人のためにお金や時間を使うことが大事です。教育することは、お金を生み出す基を増やしていること。教育制度のところでも触れましたが、教育は、短期間で即効果が出るものではありません。定期的、継続的に行わないと効果は出ませんが、人がやがて資産化されていくのです。

　資産を増やすことになるのですから、これは費用というよりは投資です。会社は、人に対して投資しないと成長が期待できません。黒字になったからやる、というようなものではなくて、常に、一定レベルで人に投資できるかがとても重要です。

　なかなか実行できないでいる会社には、まずは、厚生労働省が行っている助成金の制度を活用してみる、という方法があります。人に関する助成金には、いろいろなものがありますから、会社の事情にマッチしたものを選んで使ってみてください。

　助成金は、返済する必要のないお金ですから、上手に使えば、会社の経営に大きなメリットがあるでしょう。

◈ 助成金を利用するなら

　助成金は、国の施策を実現するために支給されるものです。売上げにはなりませんが、手持ち現金がそのまま増えるのですから、使わない手はありませんね。

　これまで書いてきた話の中から言うと、例えば教育制度や人事制度

を作ろうとか、就業規則を整備しようということになったときに、何をするにしてもお金が必要です。

　そして、結局「お金かかるから、やっぱりムリ……」となる会社が多いのですが、これらの場合にも、制度をしっかり理解し、うまく進めると助成金が支給されます。

　「それなら、やってみるか」という気になってきませんか。助成金を受けるには、いくつかの条件がありますが、それに当てはまってさえいれば問題はありません。

　例えば、労働保険の適用事業所であること、労働保険料の滞納がないこと、就業規則や出勤簿、賃金台帳など作成が義務付けられている帳簿があること……といったものです。こうした条件がクリアできていれば、かかる費用の全額は出ないとしても、半額とか一部を支給されるだけでも助けになるのではないでしょうか。

　また、採用に困っている会社で、採用に効果を出せるような助成金もあります。例えば、「キャリアアップ助成金」。わかりやすい例で言うと、よく働いてくれるパート従業員を社員にしましょうというときに、「やっぱり給料を増やさないといけないのでムリかな」となるところを、1年目はお金が出るので実現しやすくなるわけです。

　有期契約の人を無期契約に変えたり、短時間の人をフルタイムの社員に変えたりというように長く働いてもらえるようにするには助成金が出ます。パート一人を社員にすると、50万円くらい支給されます。この助成金があれば当初、社員として戦力にならない期間があったとしても、会社としてはダメージを受けずにすみます。

　この本を読んでいただいて、何か新しい制度を始めようと思ったら、助成金をうまく使うことで、いきなり費用がドッサリ出ていくということは防げるのではないでしょうか。少なくとも、いくらかでも始めやすくなると思います。

　次項では、どんな助成金があるのか主なものを見ていきましょう。

Point 12　助成金制度を活用して成長しよう

◆ いろいろある助成金制度（平成30年適用の主なもの）

＜キャリアアップ助成金＞

　アルバイトやパートタイマーなど非正規雇用従業員のキャリアアップなどを促進するための助成金です。

- **正社員化コース**……アルバイトやパートタイマーなどを、短時間正社員、地域・店舗限定社員などを含む正社員に転換、または直接雇用し、6か月以上継続して雇用した場合に支給されます。中小企業（資本金5千万円以下または従業員50人以下）が、有期契約労働者→正規雇用労働者にした場合の助成額は57万円。この額は、諸条件に応じて加算される場合があります。
- **人材育成コース**……アルバイトやパートタイマーなどに対して、業務上必要で、従業員のキャリアアップにつながる職業訓練を実施した場合に支給されます。中小企業の場合、賃金助成一人1時間当たり760円、経費助成は訓練時間に応じて、一人当たりの限度額は次の通り。100時間未満10万円、200時間未満20万円、200時間以上30万円まで支給されます。
- **賃金規定等改定コース**……すべて、または一部のアルバイト、パートタイマーなどの基本給の賃金規定等を増額改定し、昇給した場合に支給されます。中小企業ですべてのアルバイトやパートタイマーなどの賃金規定等を2％以上増額改定した場合、対象労働者が1〜3人で95,000円、4〜6人で190,000円、7〜10人で285,000円、11人以上で1人当たり28,500円支給されます。

＜人材開発支援助成金＞

　従業員の人材育成を行うための助成金です。

- **制度導入助成**……人材育成の制度を導入する会社に支給されます。従業員が定期的にキャリアコンサルティングを実施するセルフ・キ

ャリアドック制度、教育訓練休暇や教育訓練短時間勤務を取得できる制度、会社に必要な従業員の技能や知識についての検定を開発し、定期的に受験させる制度などを導入すると、475,000円の助成額が支給されます。

・**特定・一般訓練コース**……従業員のキャリア形成のため、計画に沿って職業訓練などを実施した場合に、訓練期間中の賃金の一部（1人1時間当たり380円〜）、訓練の経費（30%〜）が支給されます。一般訓練、労働生産性向上訓練、若年人材育成訓練、熟練技能育成・承継訓練、中高年齢者雇用訓練ほか。

＜人事評価改善等助成金＞

人事評価制度と賃金制度を整え、生産性の向上、賃金アップ、離職率の低下などに取り組むための助成金です。制度整備助成として50万円、生産性の向上、賃金アップ、離職率の低下の目標を達成した場合に80万円が支給されます。

＜職場定着支援助成金＞

従業員の離職率低下に取り組んでいる会社が、賃金など評価・処遇の改善、能力開発、健康管理など働きやすい環境づくりを図るための助成金です。評価・処遇制度、研修制度、健康づくり制度、メンター制度、短時間正社員制度などそれぞれの制度を導入すると各10万円、目標達成時に57万円が支給されます。

申請する場合には、支給要件など詳細について、各都道府県労働局、ハローワークや、社労士などに相談するとよいでしょう。

Point 12 助成金制度を活用して成長しよう

Point 13

多店舗展開はスクラップ&ビルドなしの「しくみ化」で

業績アップ

◆ 正社員がいなくても営業できるしくみはできているか

　店を大きくしていくほどに、働いてもらう従業員の数も多くなりますから、業務の標準化がますます必要になってきます。店が小さいうちなら、社員が終始店にいて業務全般に目を配ったり、指示を出したりすることができますが、それは難しくなります。

　全部社員がやらないといけないという状況から脱却させることが、何より大事です。そのためには、いろいろな帳票を用意して対応していくことです。Point5の中でも少し触れましたが、帳票類を活用することで、社員がいなくても営業していける、店が回っていける「しくみ」を作るのです。

　例えば、「業務引継ぎ表」**(表13)**。ランチ営業の人が夜の営業の人に、また夜の営業の人から翌日のランチ営業の人へと引き継ぎをするためのものです。

　売上げの状況、こんなものがよく出た、こんなクレームがあった、

(表13) ★

業務引継ぎ表の例

	ランチタイム 責任者（　　　）	ディナータイム 責任者（　　　）
実績	売上　　　　　　　　　　円 来客数　　　　　　　　　名 客単価　　　　　　　　　円	売上　　　　　　　　　　円 来客数　　　　　　　　　名 客単価　　　　　　　　　円
営業状況		
金庫チェック	朝一	最終退店前

	ホール 責任者（　）	キッチン 責任者（　）	ホール 責任者（　）	キッチン 責任者（　）
教育訓練				
仕込み				
発注				
その他連絡事項				
確認サイン			月　　日（　）	

Point 13

多店舗展開はスクラップ&ビルドなしの「しくみ化」で

備品や設備に関すること、注文・確認事項……等々、業務を細切れにして、状況を引き継いでいけるようなフォーマットを用意して確認できるようにしておくと、漏れがなく、うっかり伝え忘れるミスが防げます。違う時間帯の人も情報を共有し、店の状況を把握できるようなしくみができると思います。

　また「QSCチェック表」(表14) も用意しておくとよいでしょう。これは、会社がその店の商品の質、サービスの状態、衛生状態、管理状態などの状況がどうかということをチェックするための帳票です。例えば、月1回などとサイクルを決めてチェックを行います。

　このチェックを行うことで、点数が出てくるので、その点数に応じて、月に何回訪店するのか日数を決め、会社の人（経営者やスーパーバイザーなど）の指導を受けることになるのです。社長が思いつきで「今日は、ちょっとここに行ってみようか」というのとはわけが違います。

　チェックで×が多い店は、悪いなりにしっかり指導が入るわけです。「ここ、ずっと×のままでしょ。前回も×、今回も×。だから訪店しているんです。○にするには、こうやるんです」と、指導するしくみができるようにするのです。

　ほかにも、重点的に掃除をする箇所を決めておいて、確実に定期的に掃除が行われているかをチェックする、冷蔵庫の温度は何度になっているか記録をするようにして、品質管理がちゃんとできているかをチェックするなど、必要に応じて帳票を用意するとよいでしょう。

◆「魚の釣り方」を教えておく?!

　指示する人がいなくても営業ができるしくみを……ということでは、前に簡単に紹介した「仕込みチェック表」（表1、55ページ）は、ぜひ用意しておきたい帳票のひとつです。

　何を準備するかというときに、しくみがないと、例えば「○○さん、

(表14) ★

QSCチェック表の例

		項目	5月	6月	コメント
食品衛生	1	髪の長さはハウスルール通り			
	2	服装は清潔で汚れがない			
	3	爪の長さは白い部分1mm以下			
	4	マスクは全員着用している			
	5	ヘアキャップは全員着用している			
	6	手洗いはハウスルール通り			
	7	素手での調理はない			
	8	営業中1時間に1回手洗いを実施している			
	9	納品時、食材の異常を目視チェックして異常品を除去している			
	10	収納時に先入れ先出し整理を実施している			
	11	ダスターは1時間に1回交換殺菌している			
	12	汚れたらダスターですぐ拭いている			
	13	賞味期限切れ食品は店内にない			
	14	冷蔵庫内にカビが生えておらずきちんと庫内を拭き上げしている			
	15	冷蔵庫の棚網は表裏とも清潔			
	16	ラップ、ふたはきちんとされている			
	17	まな板は白い			
	18	まな板立ては清潔			
	19	箸、ピーラー、ピーター等調理器具は洗浄されている			
	20	包丁はさびていない			
	21	冷蔵庫、温蔵庫の温度チェックは定期的に実施されている			
	22	冷蔵保管商品を常温保管していない			
	23	ドリップ汚染予防収納はできている			
	24	生食するものと加熱食品の交差はない			
	25	床の水はよく切れている			
	26	洗剤は食品と違う場所に収納されている			
	27	水道の蛇口まわりは水垢がたまっていない			
	28	食器洗浄機のすすぎ湯の温度は85℃以上			
	29	手で触る部分（取っ手、スイッチなど）は清潔			
	30	洗浄道具（たわし、スポンジなど）は清潔			
		食品衛生（30点満点）			

上表は、弊社で顧問先をチェックする際に使用する、QSCチェック表の一部で、食品衛生編。
他に、商品クオリティ編、接客サービス編、店内衛生編、職場環境編の４種類があり、チェックを実施しています。

Point 13　多店舗展開はスクラップ＆ビルドなしの「しくみ化」で

バニラアイス10個用意しておいて」と店長が指示しないといけません。この店では、店長がいないと準備ができないことになってしまいます。

では、何をもって10個と指示をしたのか、どうして10個必要なのか。誰が見ても、それがわかる形になっていれば、指示しなくてもいいわけです。

そのしくみが仕込みチェック表ですが、例えば、キッチンでのミニサラダの準備を見てみましょう。ミニサラダは許容時間12時間、標準使用量は来客数100名あたり33個となっていますね。この日の来客数の予測は240名だとすると、スタンバイ数は33×240÷100≒80個の準備をする必要がある、となります。で、在庫が今7個あるので、あと73個のサラダを準備する必要がある、と計算し、準備していくのです。

これなら、誰が見ても、スタンバイと書いてある数だけ用意すれば準備ができます。いちいち誰かの指示を受けなくてよい、という形に持っていけますから、とてもラクになるわけですね。

表の中の標準使用量というのは、この売上げだったら、これだけ使うので準備が必要ということです。

スタンバイをちゃんとやっておかないと、当然ながら在庫切れに。例えば、ご飯が切れてしまったら、米を洗って水に浸けて……などと、1からやっている余裕はないので、よそからご飯を買ってこないといけない、などという、笑うに笑えないことになります（実際に私があるお店で見かけたことです）。

今の時代はパソコンがありますので、標準使用量などの複雑な計算はパソコンにまかせてしまえば、楽に作成ができます。それをプリントアウトして、1日1回書き込むという形がよいでしょう。いずれにせよ、やり方はどうであれ、いちいち指示を受けなくても、計算して誰でも出せるようにしておくことです。言い換えれば「ミニサラダを10個作っておいて」と指示するのではなく、どうして10個なのかを

誰が見てもわかるようにすることが大切なのです。

人材育成の現場では、このような状況を「魚を与えるのではなく、魚の釣り方を教えろ」という言い方をしますが、言い得ています。「釣り方」を教えておけば、自分で計算してわかるので、いちいち聞く必要がありません。つまり、社員がいなくても、まかせられる状況になるのです。

そのように、社員などに聞いてくる頻度を減らすための帳票類をいろいろ用意することです。そして、会社や管理者側は、モトになる来客数100名あたりミニサラダ33個という数字が正しいかをちゃんと見ていく必要があります。それは、まさに飲食店の店長がチェックしていかねばならないことなのです。

また、人に聞かず、自分で判断してできるようにするためには、全ての業務について、やり方を一つひとつ書いた「作業標準書」や「作業標準動画」などを用意しておくことも忘れずに進めていきたいところです。

標準化することで、誰がやっても同じようにできて、同じような効果が得られるようなしくみができます。そしてそれは、誰かひとりに負荷がかかる勤務実態を変え、働きやすい職場を作り上げていく第一歩になるのです。

◆ 3店、10店のカベの法則

店の経営が順調に進んで多店舗展開をしていこうというとき、あなたの前に、大きな"カベ"が立ちはだかることがあります。非常に高いカベに感じられるかもしれませんが、ここまで書いてきたようなしくみ作りを行いながら、生産性の上がる経営をきちんと進めていけば、怖れることはありません。

個人事業の場合に、直面することが多いのが「3店のカベ」と言

われている障壁です。

　事業主の親方が自ら仕込んだ弟子とともに店を切り盛りしてきて、2軒目を出し、その子飼いの部下にまかせます。ここまでは、たいていうまくいきます。その店も軌道にのって、順調に売上げを伸ばし、そろそろ新店舗を……と、子飼いが出て行った後に採用した部下に3軒目をまかせても、うまくいかないことがほとんどです。

　そこで、親方が新店舗に顔を出すことになるのですが、今度は留守がちな店舗の方がうまくいかなくなる。それで、結局、いったんは「2店舗でやろう」と新店舗は退店して新しい部下を仕込もうとしますが、その間にその部下がやめてしまうなど問題が出てきてうまくいかなくなることが多いのです。

　このカベは、親方が自分のやり方、考え方を何が何でも部下に押しつけてしまうところに大きな原因があります。そんなやり方でも、2店目までは、そのやり方を熟知した部下がちゃんと経営を行えるし、親方自身の目もしっかり届きます。

　ところが、3店目となると、目が届かない上に、これまで通りのやり方を強要するのにムリが生じて、まっとうな経営が難しくなってくるのが常です。このやり方を変えない限りは、何度でもカベにはね返されて、3店→2店→3店→2店と繰り返すだけで、多店舗展開を実現するのは困難と言えるでしょう。

　このカベを越えて多店舗に展開ができてくると、次は「10店のカベ」が待ち受けていることがあります。

　店が増えてくると、社長と各店舗の店長の間にエリアマネージャーを置く必要があります。エリアマネージャーは、店長を指導したり、店の運営状態をチェックしたりするなど店を管理統括する大事な役割を担いますが、中には、社長自らがその業務を行うことも少なくありません。

　ところが、10店にもなってくると、とても社長1人ではすべての店舗

を見ることができなくなります。必ず目が行き届かない店舗が出てくることになります。それは、エリアマネージャーを一人置いても同様のことが言えます。

「スパン・オブ・コントロール」という言葉を聞いたことがあるでしょうか。これは、"統制範囲の原則"などと言われますが、一般に、管理者がマネジメントできる部下の人数は7名程度と言われています。お店に一名の店長を置いたとすると、1人の管理者(エリアマネージャー)が管理できる店舗数の限界は、5〜7店といったところでしょう。

ですから、10店を1人で見るのは、完全に標準化が図れている業態でもない限り、限界をはるかに越えています。これでは、統率ができない、ブランドが構築されない、離職者が止まらない……等々、さまざまな状況が起きて、結果的に店が増やせなくなります。

社長が全部一人で見る、というやり方から、見る人を作って、社長は見る人を見る……という方法に変えないといけません。その見る人がエリアマネージャーになるわけですが、5店に1人、10店なら2人置いて、この2人を競わせるように社長が盛り立てるという態勢に変えていくとよいでしょう。それがスムーズに変えていければ、さらなる成長が期待できるはずです。

そして、さらに30店となると、エリアマネージャーは6人になって、社長がエリアマネージャーを見切れなくなってきます。その場合は、エリアマネージャーと社長の間に部長を置く必要があります。すなわち、店長(30人)→ エリアマネージャー(6人)→ 部長(2人)→ 社長(1人)という階層を積み重ねていくわけです。そういうしくみを作ったら、それを想定した人事制度の等級なども整えていくようにします。それには想定組織図(**図23**)を書いてみるのが効果的と言えます。

(図23)
想定組織図を作ってみよう

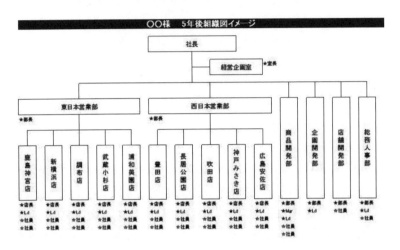

> 想定組織図を作ることで、どのポジションの人をあと何年で、何人育てないといけないか？（又は採用しないといけないか？）がひと目でわかるようになります。

Point 14

人あってのデザインを考える

◆ 店にとってのデザイン性とは？

　人、立地、デザイン、メニュー……この四つは、飲食業が成功するのに、非常に重要なキーワードです。これらの組合せがピタッとはまったときに、その店は業績アップが実現できるはずです。
　店を出すには一等地に出さなければいけないと思っている人がいますが、必ずしもそうとは限りません。当然ながら、そのデザインやメニューに合う場所というものがありますし、働く人やお客さんに合ったところを探せるかということが大事です。立地には、交通量、商圏人口、道幅、看板の視認性など見るべきポイントはいろいろありますが、人やデザイン、メニューなどと直結していないとうまくいきません。
　デザインについても、誤解をしている人が少なくありません。
　例えば、天井が高く、声が響き、天窓がついていて、月がその天窓から見えるような店舗建物を想像してみてください。
　非現実的な空間を体感したお客さんは、「わ〜、すごい！」「素敵！」と感嘆の声を上げます。そう、確かにすごいのですが、実は、店は「すごい」だけではやっていけないわけです。
　まず、何といっても定期的に掃除をしなければなりません。天井の

エアコンフィルターを掃除しようにも、いちいち高い脚立をもってきて、取り外して洗う、という作業が発生します。さらに天窓の拭き上げはどうしましょう。お肉を焼くような業態であれば、油煙が発生しますので、天窓はすぐに汚れてしまいます。これらの掃除は業者を呼ばないとできません。ムリやり頑張って自分たちでやろうとして、下手をすると転落して労働災害発生！　なんてこともあり得るのです。

また、天井には照明がついていますね。照明はずっと点灯し続けるわけではありません。球切れをした場合は、電球交換をしないといけませんが、これも重労働です。そんな造りの店では、とんでもないことになります。手間もお金もかかるだけです。

掃除しやすい、メンテナンスがラク。これから店を出すなら、そんな造りにする必要があります。そういう意味でも、デザインはとても大事なのです。

◆ 短い動線が業績アップを生む

店のデザインを決める際に、もう一つ大事なことが、人の動線です。お客さんが延々と歩かないといけない……などというのはもちろん問題ですが、ここで考えたいのは、働く人たちの動きです。

作業を行うには、それに伴う動線は短い方が効率は上がります。特に、作業の起点となるキッチンから客席までの距離は短いほど迅速なサービスが提供できることになります。

お客さんのところまで最短コースで行けて、くねくね曲がったり、何かを迂回したりする必要のない動線であるのが理想です。

曲がったり、回り込んだりしないといけないようなコースでは、いくらデザイン性が高いとしても、業績を上げようという店舗のデザインとしては、あまり感心できる造りとは言えないでしょう。以前、私が食事に行った店でも、料理を運ぶのに1分くらいかかるところがありま

した。○○御膳などを持って、まっすぐ行って、右に曲がって1歩進んですぐ左……と、とても儲かる造りとは言えないものでした。

　動線をできるだけ短くすると、生産性がよくなるし、できたてのアツアツ料理を素早く出せるなどいろいろメリットがあります。掃除のときも作業の効率は上がります。徹底した効率性を追求している「サイゼリヤ」さんでも、ほとんどの店舗が同じような造りになっていて、動線がしっかり考えられています。

　入り口の位置などはいろいろでも、店内に入ると、キッチンの出っ張りがあって、そこから客席まで放射線状に運ぶ形になっています。出っ張りの分、距離もより短く、効率的な造りになっていると思います。

　そういう造りができないところでは、逆にレジを奥のキッチンに近づけるケースも見かけます。レジを玄関から離すことにより、玄関周りの混雑も分散しますし、レジとキッチンが近い、というのは従業員からすると、動線が短くてすむわけです。

　これから店をつくると言うのなら、作業効率を考えた動線をベースにしたデザインにすることも、業績アップには欠かせませんね。

◆ ファサードは店の顔

　「ファサード」という言葉を聞いたことがありますか。
　これは、建物の正面部分のことを言います。店の正面の外観であり、外から見たイメージとか、雰囲気とかを左右することになります。
　その大事なファサード、例えば、経営者の趣味の盆栽がずらりと並べてあったり、支持する政治家のポスターが貼ってあったり……というようなことはありませんか。これでは、入ってみたくなる雰囲気は感じられませんよね。
　「私の店なんだからいいじゃない」と思っても、従業員たちは納得しないかもしれないし、お客さんがたくさん入って儲かる……とはい

Point 14　人あってのデザインを考える

かないでしょう。ファサードには、こだわってほしいと思います。

　独りよがりはやめて、ときにはプロにチェックしてもらうのもいいでしょう。販売士、中小企業診断士という資格を持っている人たちは、ファサードの勉強もしています。何をどこにどう置いたらどう見える。こうすれば買ってもらいやすいとか、店に入ってもらいやすいということを的確に見てくれるはずです。

　これは、私が相談された実例ですが、あるショッピングモールの中の店舗で、通路沿いにサンプルケースがあり、通路上にはパネルが横に（通路と並行に）立ててありました。

　そこの売上げが上がらないということで、まず、そのパネルを少し角度をつけて斜めに置いてみました。通路を行く人の流れがパネルに引っかかって素通りせず、目もパネルに行きやすくしたのです。

　これだけで、売上げは5％上がりました。ほんのちょっとしたことで、状況を変えることができます。どうすれば効果があるのか、ファサードのことを知っていれば可能です。例えば、雨の日、ファサードに屋根があった方が入りやすい。なかったら、傘を閉じる場所がなくて入りにくく「やめとこう」という人だって少なくないでしょう。

　また、中の様子がまったくわからない「不安の館」も怖くて入りにくいでしょう。「この店、入っても大丈夫？」「ぼったくられるのでは？」というのでは、敢えて入ってくれるような人は少ないはずです。

　そういうことも、店を造る前に考えておきましょう。例えば、ガラス張りだと、お客さんは入りやすいし、従業員も「お客さんが入りそう」というのが読めます。準備ができて、1歩先の対応ができ、声も出やすくなります。

　働きやすく、商売的にもいいなら言うことなしではないでしょうか。

　ただし、中で過ごすお客さんの快適性を上げることも忘れないことです。外から丸見えでは居心地も悪くなりがちです。このあたりのバランスをしっかりとれるようにすることを心がけましょう。

Point 15

メニューの開発、見直し

◇ メニューブック作りが店の行く末を決める！

　メニューブックを作るときには、どの位置にどの料理を載せるか、写真はどうするかといったレイアウトが重要です。
　というのも、メニューをパッと開いたときに、目に入りやすい位置や大きさ、写真の有る無しなどで印象や訴求力が違ってきますから、その料理のオーダーの入り方に影響が出てくるのです。
　4ページのメニューだとすると、表紙をめくって中央の見開きページを開いたとき、どこが最初に目に入ると思いますか。
　それは、まず左上、そして、右上の順に目をやる、というのが一般的なパターンです。その位置に、大きく写真入りなどで載せれば、皆が必ず目を通します。
　ですから、お店が特に売りたいものを、そのようにして目立たせるのが常道でしょう。また、とりあえずオーダーしたくなるようなスピードメニュー、調理工程が簡単ですぐ出せるものをそこに載せるのも効果的です。
　ところで、あなたのお店では、目立つ位置に大きく載せたい、一番売りたい商品とは何でしょうか。
　もちろん売りたい品というのは、お店の人気商品にしたいものですよね。実際のところ、あまり売りたくないものが人気商品になってい

たりすると、会社は儲からない、ということになります。
　売りたくない品というのは、多分、原価率が高かったり、調理に手間がかかったりするものだと思います。そういうものばかり出たら、会社としては厳しいことになるわけです。
　メニューブックは、そんなことも考慮しながら作らないといけません。そのためには、メニューブックをデザインして商品を配置したときに、必ず、それぞれの品のＦＬコストを書いてみることです。これのＦＬコストは52％、こちらは43％……などと一つひとつ数字を並べてみましょう。
　上の方に載るものは、単品ＦＬが低めのものが並んでいますか。それも、お客さんが食べたいと思えるもの、価値を感じられるものになっていますか。そんなバランスをよく見て、メニューを決定することが大切です。
　そのバランスがくずれると、お客さんはたくさん来てくれるのに、お店はあまり儲からない……という結果が待っています。
　そうなると、教育をはじめ従業員にお金をかけることもできなくなってしまいます。そうならないためにも、メニュー作りは安易に考えず、素人判断しないことがとても重要なことと言えるのです。

◈ 売上げ＝客数×単価である

　お客さんがどのくらい来てくれたか、つまり客数に、お客さんが平均していくら使ってくれたかという客単価をかけた数字が、お店の売上げになります。
　売上げを伸ばすためには、当然のことながら、お客さんの数を増やすか、客単価を上げるか、ということが必要になります。
　客数が増えると、その分手間がかかることになります。でも、客単価が上がっても、それほどは手間がかかるというわけではないのが

普通です。

お客さんが増えて売上げはアップしたけれど、人の手間ばかり増えたのでは、あまり望ましいことではありません。できるだけ客単価を上げるビジネスを行うようにしていくことが大切です。

とはいっても、ただ値上げをして客単価を上げればいい、という単純な話ではないことは、皆さん、よくご存知でしょう。

ポイントは、客単価が上がっても、値上げをしていないように思われるようにすることです。それには、価値のある商品を出すことが大事です。

こんな公式があります。

$$V = Q / P$$
（Value＝価値）（Quality＝品質）（Price＝価格）

価値というのは価格分の品質で表され、価格を下げると価値は上がりますし、品質を上げることでもまた、価値は上がるのです。

すなわち、値上げをして価値を上げるためには、よりいっそう品質を上げないといけないことになります。

それには、どうしたらよいでしょうか。質を高めるためのやり方は二つあります。いい材料を使うか、いい人を使うか、ということですね。

いい材料を使えばおいしくなりますが、当然高くなります。それでは、儲けを増やせません。それなら、もう一つのやり方、人の質を高めるしかありません。そうすれば、お客さんに提供する価値が上がるのです。

人の質を高くしておくためには、教育のしくみも大切ですし、採用をするときに、質の高い人の見極めをすることも重要になります。

経営者の価値観、質に合った人を採ることです。お客さんが大事

と思っている経営者なら、同じ価値観を持った人を採るようにします。よく「考えの違う人を採ったほうが会社のバリエーションが広がっていい」などと言う人がいますが、それは事業規模の大きな会社が考えることであり、マネジメントの機能が弱い中小の企業が価値観の違う人を採ると、うまくいかないケースが少なくありません。特に、正社員30人くらいの規模までの会社では、自分に合う人を採った方がよいでしょう。

◈ リピーターをつかむもの

　安定した経営を続けるためには、お客さんが一度来て終わり、ではなく、繰り返し来てもらう必要があります。

　リピーターに来てもらうためのメニュー作りということでは、まず、お客さんを飽きさせないことがポイントになります。日替わり、週替わり、月替わり……などメニューが"替わる"ことで、毎回何か違うメニューが味わえる新鮮さがリピーターをつかむのです。

　大きい会社であれば、年に何度かメニューを大きく変えることがありますが、小規模の会社では、メニューブックを作り替えるのも、新しいレシピを作るのも手間もお金もかかって負担が大きくなります。

　メニューチェンジが難しい分、日替わりなどで変化感を出して飽きない仕掛けを作らないといけません。それも難しければ、特定の商品を期間限定で値下げして提供するという方法もあります。でも、その値下げの財源はどうしたらいいのかと悩まれる経営者も多いことでしょう。

　それは「教育訓練費」から持ってくるのです。例としては、某中華料理店でよくやっている月替わりの特定商品があります。例えば、今月は"八宝菜"を100円OFFにするとします。いつもより100円も安いとなると、当然、これがたくさん注文されます。そのポジション

にまだまだ訓練が必要な人を入れて、先輩が指導しながらどんどん作らせると、これ以上ない練習になって、もっとおいしく作れるようになります。

これは、お客さんの時間を使って教育していることになります。その分の教育費は、お客さんに還元する……というわけですね。お客さんも、会社も、従業員も喜ぶ非常に賢い方法だと思います。

また、お客さんに新鮮さを感じてもらう方法として、例えば「今度、新しいお酒が入ったんですよ。試してみませんか」とか「新しくできた料理、今日のお勧めです」などと、試飲・試食でイベント感を出してみるのもいいでしょう。

鉄板で肉がジュージュー焼ける音、鍋の中で具がグツグツ煮える音……よく言われるシズル感を感じてもらえる料理も楽しいですね。客席調理にして、お客さんの目の前でだし巻きを焼いたり、天ぷらを揚げたり、ローストビーフを切り分けたり、「これは、あなただけのために作っています」という"For you"感を演出する、などは今や繁盛店のつくり方を考える際に忘れてはいけない点になっています。

メニューの開発で業績アップをしようと思うなら、いっそ食材も、調理の様子もさらけ出してみるというのもいいかもしれません。なぜ、そうすべきかというと、最近の飲食業はお客さんからの信用が下がっていると思われるからです。どういうことかというと、ここ数年、飲食業の新聞沙汰になった産地偽装や食材の加工方法、従業員のモラルなどが原因で「お店の人は陰で何をやっているのかわからない」と思われている可能性があるのです。

そういう状況を一度に解決する方法は、例えばオープンキッチンにして調理人が客席に近いところで調理を行うのです。これにより、お客さんは安心感を感じますし、料理提供の動線も短くなります。「はい、天ぷら揚げたてです。どうぞ」と揚げたてを天つゆにジュっとつけて食べれば、シズル感も申し分なしです。

Point 15 メニューの開発、見直し

また、最近は、卓上のフライヤーで、お客さんが自分で串を揚げて食べられるスタイルも人気があります。これだと、調理人件費もあまりかからないことになります。

ただ、メニュー開発において、新鮮さを出そうとどんどん新しいものを出して、品数ばかり増やすのは考えものです。客単価は品数×品単価です。品数を増やし、たくさん食べてもらうことで客単価をアップすることはできますが、品数が増えるということは、それだけ調理作業工程が増えることです。

それよりも、品数でなく品単価を上げる工夫をしないといけません。工程を増やさずに、客単価を上げるためには、品単価を上げられる品質＝Ｑの高い商品、サービスを考えることが必要です。

◇ 単品ＦＬを抑えたメニューを作る

ＦＬコストについては、前にもちょっと触れましたが、もう少し見てみましょう。

メーカーで原価というと、その製品を作るのにかかった材料費と労務費、経費をすべて足した額のことです。例えば、車を作るなら、鉄やプラスチックなど材料代と、それを組み立てる人の人件費が労務費、そして、ベルトコンベアやいろいろな機械を動かすための電気代やエアコンなどの光熱費などが経費になります。

ところが、飲食業の場合、原価というと材料費だけを言い、なぜか労務費を含まずに計算するケースが多いです。おかしな話だと思いませんか。

飲食業のメーカー機能として作る製品が料理ですから、その原価には、労務費が含まれて当然なのです。調理のために準備をする。オーダーが通れば、調理をする。提供する。手間がかかっている分は、原価として計算する方が理にかなっています。それが単品ＦＬコ

ストを作成するべき理由なのです。

　単品FLコストを考えると、材料費がかかるものなら、工程数が少なく手間がかからない料理に、工程数が多く手間がかかるなら、材料費は抑え目にすることです。手間も材料費もかかるなら、売価を上げるしかありません。

　それが理解されていない会社では、メニューを開発する部門の人たちの成果が、いかに原価率（＝売上対材料費率）の低い、たくさん注文してもらえる商品を開発できるかどうか、とされてしまいます。すると、どうしても、原体食材（加工されていない食材）を使って原価率を下げようとするしかなくなります。材料費は安くなりますが、調理の工程が増えて手間がかかるようになります。

　その結果、一つの商品を提供するのに時間がかかって、お客さんに悪影響があります。また、指導・教育にも時間がかかり、「少しでも早く一人前になりたい」傾向の強い最近の人たちの離職率が高まる可能性が大きくなります。

　こんなことのないように、開発部門の人の評価を行う際には、レシピ設計上の労務費コントロールがどれだけできたか、を入れることが重要です。従来のようにFコストだけの原価ではなく、単品FLでコストが下がり、かつ売れるメニューを考えたかどうかを考課に加えるのです。

　単品FLを出すのが難しいなら、まずはレシピを作るときに、工程数を分解して書き出すという作業をしてもらいましょう。

　「鶏肉をカットする」「タレにつける」「小麦粉をまぶす」等々、全部書いて、これは12工程かかったけど、そっちは6工程で手間がかからないでしょ……と一目瞭然。調理レシピの行数を見れば簡単にわかりますよね。工程数が多い料理ばかり開発されても、仕事が増えるだけでお店は大変ですから。

　メニューを開発する人は、自分がコントロールするべきコストはFコ

Point 15　メニューの開発、見直し

ストだけ、と考えるのではなく、店で発生する労務費のことを合わせて考えないといけません。そのことを、しっかりと頭に入れてもらえるようにしてください。

業績アップ

終章

飲食ビジネスは可能性がいっぱい

飲食ビジネスはこんなに面白い

　私が関西の飲食企業で人材開発の仕事をしていたとき、店のマニュアル作成に取り組みました。

　「お客さんがスプーンを落としたら、すぐに拾って新しいものを持っていきましょう。一緒にフォークも持っていってあげると効果的です」
　「お客さんがお茶をこぼしたら、すぐにテーブルを拭いて、新しいものと換えましょう。ただ大事な話をしていて来てほしくなさそうなら……」etc.

　一つひとつ想定し得るすべてのケース、クレームなどを書き込もうと懸命になっていました。何ひとつ書きもらすことなくカバーしようと思ううちに、マニュアルはものすごい厚みになってしまったのです。
　こんなマニュアルでは、誰でも読むはずがありませんよね。会社を少しでもよくしたい、従業員の方たちが働きやすくしたい。そんな思いに駆られるあまり、愚直なほどにひたすらマニュアル作りに没頭していました。
　ただ、誰も使わないマニュアル作りは、当然ながら進路変更をせざるを得ませんでした。こちらが言ったことをそのままやってもらうだけでなく、一人ひとりの自発性にゆだね考えてもらうことも必要なことに気がついたのです。
　人を育てるためのルールと、人を管理するためのルールは根本的に違います。
　管理優先のルールが支配する飲食店は、一見清潔で平和に見えるかもしれませんが、どこかつまらなく感じられます。

ムダが無いけれども無機質的なオペレーション、清潔だけれども画一的な店内…お店というシステムの中に、スタッフも客も取り込まれてしまったような感覚に陥ります。
　言われたとおりに動くことに慣れたスタッフからは『心からの笑顔』は生まれず、お客さんからの『心からの有難う』も出てきません。
　スタッフ自身が、自発的に「良い」と思うサービスを行い、その「良い」に他のスタッフも共感し、自発的に共有する。本書の冒頭でも述べたように、そのような魅力的な「場」があってこそ「人」が育ち、さらに良い人々が集まってきます。スタッフも、もちろんお客さんも。スタッフにとって働き甲斐のあるお店は、お客さんにとって感動のあるお店になります。
　人づくりにおいて必要なことは、時には厳しく指導しつつも、スタッフの人間性、自主性に敬意を持ち、尊重することです。とは言っても、これを実践するのは難しく、人の価値観は百人百色…育てるためのベストな方法も一様に伝えることはできません。ですが、私は自身の経験からワースト（最悪）な方法を伝えることはできます。経営者がしてはいけないこと、スタッフに対し許してはいけないこと…この視点を基に、私なりに働き甲斐のあるルール・場づくりを、本書では提案させていただいております。
　ワースト視点をベースにしていると述べましたが、その根底には、魅力的な場を創るため、という理念があります。その理念をオーナー・スタッフで共有することが、まずは場づくりのスタートになります。それぞれの価値観を尊重しつつも、全員が理念に沿って自発的に行動する。店舗によって望ましい理念の形は様々でしょうが、お客さんあっての飲食店。お客さんに喜んでいただき、対価をいただき、それをオーナー・スタッフで分かち合う。
　主体的に、そのようなお店創りが可能な点、それが飲食店ビジネスの醍醐味の一つだと言えます。

飲食業は、メーカー機能とサービス業機能の両方を併せ持つ難しい仕事だということは、本書の中で述べました。その難しい仕事を続けてきたからこそ、今があります。いろいろな業界の方と話ができるし、人脈を広げたりコンサルティングをしたりできるのも、飲食業を経験してきたからこそだと思います。
　今、まさに飲食業は大変な仕事だと痛感している人、これから目指そうと思っている人にも、こんな面白い仕事はないですよ、と言いたいです。難しい仕事を頑張ってきた分、30代、40代になってくれば報われるはずです。
　それに、お客さんから毎日「ありがとう」と声をかけられる仕事など、そうそう多くはありません。人間にとって、おいしいものを食べられる幸せは格別です。それを提供しているという喜びを感じてもらえる人が、もっともっと増えてくれたら……と思っています。
　「飲食業は儲からない」と思っている人も多いようですが、それは、やり方次第です。マーケティングでも、ファサードでも、ホスピタリティーでも、勉強をすれば、その分だけ必ず活きてきます。
　一緒に頑張って、飲食業を明るく可能性あふれるビジネスにしていきませんか。本書が、少しでもその助けになれば、こんなにうれしいことはありません。

付録

中小企業を大きく揺るがす『働き方改革関連法』の概要と飲食業にとっての対策

中小企業を大きく揺るがす『働き方改革関連法』の概要と飲食業にとっての対策

　昨今、世間をにぎわしている「働き方改革関連法」ですが、実態がよくわからずに言葉だけが先走っているところがあります。人手が必要な飲食店にとって、この働き方改革関連法はいったい、どのような影響を及ぼすのでしょうか？

　この項では、働き方改革関連法とはどのようなものなのかについて、まず、その概要を見て確認していくこととします。特に飲食業界にとって重要性の高いものを上位に記載していますので、確認してください。

　まず、今回の働き方改革関連法の概要を見ておきましょう。

概要	大企業 施行日	中小企業 施行日
①年5日の有休取得義務	2019.4	2019.4
②労働時間の状況の把握を客観的に実施する義務	2019.4	2019.4
③時間外労働の上限の規制	2019.4	2020.4
④勤務間インターバル制度の導入	2019.4	2019.4
⑤月60時間を超える時間外労働の割増率引上げ	実施済	2023.4
⑥同一労働同一賃金対応強化	2020.4	2021.4
⑦産業医と企業の結びつき強化	2019.4	2019.4
⑧フレックスタイム制の清算期間変更	2019.4	2019.4
⑨高度プロフェッショナル制度の導入	2019.4	2019.4

　以降、上記概要に沿い、1つずつ見ていきます。

① 年5日の年次有給休暇の取得が企業に義務として課せられました

　現在、飲食企業を多数見ていますが、有給休暇をきちんと消化できているところは、かなり少ないのではないでしょうか。大企業であれば、コンプライアンス（法令遵守）を目的として、有給休暇の取得も以前よりは進んできているでしょうが、中小飲食企業では、有給休暇制度自体をきちんと運用できていないところも多いはずです。そのような状況の中で、今回の法改正により、年5日間は有給休暇を取得させなければならないこととなります。ただでさえ、人がいない中で、有休なんてとらせている余裕なんて無い！との言い分もあるでしょうが、法律上は「義務」ですので、果たさないといけません。果たさなければそれは即「法令違反」となり、行政指導などの対象となりますし、場合によっては「検挙」などということもあり得る状況ですので、しっかり対処できるようにしていかなければなりません。

　運用としては、次の通りです。

> ① 会社等が率先して働く側に有給休暇の取得時期について希望を聞く
> ② その希望を踏まえて会社が有給休暇の取得時期を指定する
> ③ 実際にその該当日に休む

という流れになります。

　このルールが設定されることにより、私は飲食業界で以下のようなことが多発すると予測しています。

- 有休5日間取得義務のニュースが大きく取り上げられ、有休がとれていない従業員が、会社や店長などに問い合わせをし、正しく説明できなかったり、もめるような説明を行い、従業員との間にトラブルが頻発する（特に、「有休などうちの会社にはない」と説明しているところもまだまだ存在すると思われ、そういう企業では、将来行政機関（労基署など）の立ち入りリスクが高まり、事業継続性に黄信号、赤信号が点灯することとなる）。

そうならないため、飲食業界として以下のような対処法が考えられます。

【王道】
➢ 人員（社員やパートアルバイトなど）を新規採用し、社員などの有給休暇取得が図れる人員体制にする
➢ 年間シフト、月間シフト表などに計画的に有給休暇を設定し、消化できるチェック体制を作り、運用する（休むように会社が決めたが、多忙なので休めなかった、はこの法律では認められないことになったので、決まった日は絶対休んでいる状況をどう作るのかのしくみ、ルール作りが大切）。

《ワンポイント！》
　有給休暇の取得状況によっては「時間外労働等改善助成金」が活用できるかもしれません。
　これは以下の条件に当てはまる場合に支給が行われるものです。助成金は返済不要ですので、ぜひ活用して、コストと手間の増大化を少しでも緩和していけるようにすることが経営上重要ですので、検討してみてください。プロに相談して、代理取得してもらうのも手です。

【時間外労働等改善助成金　職場意識改善コース（※中小企業対象です）】

> ※中小企業とは？　（飲食店の場合）
> 「資本金又は出資額 5000 万円以下」または
> 「常時雇用する労働者 50 人以下」の事業を中小企業と言います。

➢ 対象となる会社
(1) 前年における、労働者の有給休暇の年間平均取得日数が 13 日以下、月平均の時間外労働時間が 10 時間以上であること
(2) 常時 10 人未満の労働者を使用する飲食店などで、その店での所定労働時間が 40 時間を超え 44 時間以下であること

➢ 成果目標
(1) の場合
　・労働者の有給休暇の年間平均取得日数を 4 日以上増加させる
　・労働者の月平均の時間外労働時間を 5 時間以上削減させる
(2) の場合
　・すべての事業場において、週所定労働時間を 2 時間以上短縮し、40 時間以下とする

➢ 助成額
(1) の場合
　・成果目標の達成状況に応じて、その制度などを導入するのにかかった費用の補助がある（補助率 50％～75％、上限金額 67 万円～150 万円）
(2) の場合
　・成果目標の達成で、その制度などを導入するのにかかった費用の補助がある（補助率 50％～75％、上限金額 67 万円～150 万円）

（注意）助成金は 2018 年の情報を掲載しています。
　　　　状況は毎年変わりますので、ご注意ください。

② 労働時間の状況を客観的に把握する義務を企業が負うことになりました

　店長以上の役職者（企業、組織により異なる）＝いわゆる労働基準法上の「管理監督者扱い（時間外労働の規制から外れる扱い）」をしている社員については、いわば時間外労働という概念自体がないため、出退勤時間の記録を取っていないところがあるかと思われますが、この扱いが健康管理の視点から認められなくなりました。

　また、2017年1月20日に厚生労働省にて策定されている「労働時間の適正な把握のために使用者が講ずべき措置に関するガイドライン」に記載されている労働時間の把握の方法などにて、実態を把握することも義務として盛り込まれました（実態把握の方法は現在国で最終調整が行われています（2018年7月現在））。

　飲食業では今でも「自己申告制」にて労働時間把握を行っているところが多いですが、これが今まで以上に認められにくくなる流れであることも申し添えておきます。

　このルールが設定されることにより、私は飲食業界で以下のようなことが多発すると予測しています。

- 店長を管理監督者から外す流れが一段と加速して、店長にも労働時間管理が適用されるようになることで、今まで店長が被っていた労働分が見える化され、店の総労働時間（≒給与支払額）が増え、事業の収益性が悪くなる。

- 客観的に労働時間を把握する仕組みのない会社などは、コンプライアンス違反となるため、ハローワークでの求人を受理してもらえなくなる。

- 新卒採用セミナーなどで、労働時間の把握の方法を正しく行っていることをアピールしてくる会社などが出てきて、そうでない会社採用力に差がつき始め、対応しない企業などでは、結果として人材採用に更なる多額のコストを投入しないと人が採用できなくなってくる。

　飲食業界としての対処法としては以下のようなことが考えられます。

【王道】
- 全従業員の出勤時間、退勤時間が客観的に記録できるしくみ（アプリなど）を導入し、活用する
- 時間外労働が80時間近くに達しそうな人を事前にチェックできるしくみ（システムなど）を導入し、活用する
- 人事制度を変更し、店長はこのタイミングで管理監督者扱いを外す方向で調整をかけ、労働時間に見合った報酬設定とする

【どうしても難しい場合】
- シフト表について、店長と本人で労働時間を相互チェックできるように押印欄やサイン欄を2か所設け、管理する
- その管理がきちんと行えているかを経営者に近しい立場の人（役員や部長など）や監査役などが定期的にチェックを行うようにする
- 時間外労働が80時間近くになったことを、働く本人が報告するルールを作り、それが運用されているか月ごとにチェックする
- 店長を引き続き管理監督者として運用したい場合でも、店長自身の労働時間を把握するしくみは早急に導入できるよう準備を図る

③　時間外労働の上限規制が盛り込まれました。

　現在、人手不足が深刻になっている飲食業界において、泣く泣く同じ人に仕事を任せて長時間働かせざるを得ない状況が見受けられます。国の決まりでは、1日8時間以上の勤務は法違反になりますが、36協定（時間外労働に関し労働者と使用者が結ぶ協定）を結んだ場合については、その協定の範囲内で労働者に時間外労働をさせることができます。その時間数には上限があり、協定で結ぶことができる時間外労働の上限時間は「1か月45時間以内、年間360時間以内」と過去から定められています。ただ、この決まりは大臣告知で定められているだけであり、法律に明確には示されていませんでしたので、そのルールから逸脱した場合でも、行政指導を受けるだけでした。また、いわゆる「特別条項」を盛り込むことにより、1年間のうち6か月間については例外的に、この45時間、360時間ルールから逸脱することができ、その上限は「無限」になっていました。

　この「大臣告知」による上限の指定が「法律」によって定められることになり、守れない場合は「法違反」になることとなりました。

　具体的に法律で定められたのは以下の2点です。

> ①「例外の6か月間無限」の部分について、新たに上限が設定されることになり、「1か月100時間以内、複数月平均80時間以内、年720時間以内」（いずれも休日労働を含む）に労働時間を押さえないと、法違反となります。
> ② それ以外の月は時間外労働を45時間／月に抑えないと、法違反となります。

　ただし、ここまで挙げたルールに関して、中小企業については、すぐに対応することが難しいことから、当分の間、配慮されることとなっており、強硬な指導がいきなり始まることにはならないようです。

このルールが設定されることにより、私は飲食業界で以下のようなことが多発すると予測しています。

> ・今までは、超えてしまった場合でも時間外労働手当などのお金を払えば指導されるだけで済んでいたが、今後は法違反となり、かつ罰則も設定されたことから、お金だけを払っても許してもらえなくなり、行政からの指導、摘発が今まで以上に発生する（特に、大企業には指導が厳しくなることが想定される）

　飲食業界としての対処法としては以下のようなことが考えられます。

> 【王道】
> ➢ 今回、この本に記したように、「8つのムダ」の改善や、プロによるワークサンプリングの実施とそれによる時短の方策の検討など、科学的手法を使い、業務をあらゆる面から見直していく
> ➢ 「社員しかできない」「店長しかできない」業務を、パートアルバイトの方を含めてワークシェアを行えるようにするために、1）業務の標準化、2）マニュアル化、3）動画化、4）わからない業務が発生したときのコールセンターの設置、5）任せるためのリーダー制度の導入など制度改正、などを行い、一人の人に業務が集中しない環境づくりを急ぐ
> 【どうしても難しい場合】
> ➢ 中小企業については、上記王道の政策を進めようとしている「計画書」だけでも作成し、前向きに行動しようとしていることを示せるようにしておく

　《ワンポイント！》　時間外労働を改善する意思がある企業などは①と同様、事業の状況によって「時間外労働等改善助成金」が活用

できるかもしれません。

　中小企業は上記の通り配慮規定があるため、すぐに行政立ち入りなどの強硬措置は取られないと思いますが、いずれ、対応しなければならない流れです。助成金が給付されるうちに改善を図り、対応することも策の一つして考えてみるのもありかと思います。これは以下の条件に当てはまる場合に支給が行われるものです。

【時間外労働等改善助成金　時間外労働上限設定コース（全企業対象です）】
- 対象となる会社
- いわゆる36協定の特別条項を締結し、実際に締結した時間を使って長時間労働、休日労働を複数月行った労働者がいる会社
- 成果目標
- 事業実施計画に指定した全てのお店や本部（事業場）において、36協定設定の労働時間数を短縮して以下のいずれかの上限設定を行い、労基署へ届出を行うこと
- ①時間外労働時間　月45時間以下かつ、年360時間以下に設定
- ②時間外労働時間　月45時間を超え月60時間以下かつ、年720時間以下に設定
- ③時間外労働時間と法定休日労働時間数の合計　月80時間以下かつ、時間外労働時間数で年720時間以下に設定
- 助成額
- 取り組みに要した助成対象経費のうち、以下A〜Cのいずれかの低い額

　　A　200万円／1企業
　　B　取り組み前の時間外労働時間等の設定時間数と成果目標①〜③の状況により50万円〜150万円（休日を増加させた場合別途加算あり）
　　C　対象経費の合計額の75％

④ 勤務間インターバル制度の導入促進が図られることになりました

　この制度は1日の勤務が終了した後、翌日の出社までに一定時間以上の休息時間（＝インターバル）を与えることにより、働く人の生活時間や休息時間を確保することを目指して制定されました。この制度はあくまで「努力義務」（＝〜するように努めなければならない）の規定であるため、必ずしも導入しなければならない制度ではありませんが、世の中の流れは勤務間インターバルが必要である、という風潮に変わりつつあり、その点は把握しておくことが大切です。

　インターバルの時間は法律には定められていませんが、中小企業に対しては、「11時間以上」のインターバル制度を制定した場合50万円、「9時間以上11時間未満」の制度制定では40万円の助成金を獲得できることになっています（後述）。国はそのあたりの時間数でのインターバル制度を推奨していると考えられます。

　このルールが設定されることにより、私は飲食業界で以下のようなことが多発すると予測しています。

- 勤務間インターバルへの認識が社会的に高まり、特にランチタイムから深夜時間まで営業している業態を持つ飲食企業などへの就職意欲が低下する

　飲食業界としての対処法としては以下のようなことが考えられます。

【王道】
- 勤務間インターバル制度を積極的に導入し、社員採用時の福利厚生策としてアピールしていくことで、競合他社との差別化を図り、優秀な人材を確保していく。

《ワンポイント！》 勤務間インターバル制度導入についても①と同様、事業の状況によって「時間外労働等改善助成金」が活用できるかもしれません。
　これは以下の条件に当てはまる場合に支給が行われるものです。

【時間外労働等改善助成金　勤務間インターバル導入コース　（全企業対象です）】
➢ 対象となる会社
(1) 半数を超える所属労働者に勤務間インターバルを新規に導入する企業
　(2)(3)は略
➢ 成果目標
　事業実施計画に指定した全てのお店や本部（事業場）において、①9時間以上、または②11時間以上の勤務間インターバルを導入すること
➢ 助成額
　①の場合
　取り組みに要した助成対象経費の合計の75％〜80％（上限40万円）
　②の場合
　取り組みに要した助成対象経費の合計の75％〜80％（上限50万円）

⑤　中小企業について、猶予されていた月60時間を超える時間外労働の割増賃金率25%⇒50%への変更が、例外なく実施されることとなりました

　ある意味、これは5番目ではなく1番にもってきてもよい項目なのですが、施行時期が2023年4月からと、まだしばらく時間がありますので、5番目にしました。

　現在、すでに大企業については、月60時間を超える時間外労働の割増賃金率は50%と設定（例：時給1000円の人であれば、60時間を超える時間外労働では、時給を最低1500円支払う設定）となっていますが、中小企業では、その措置の適用が保留になっていました。しかし、今回の働き方改革関連法により、この保留が適用されなくなり、約5年後より、全国の事業所（お店など）は一律このルールが設定されることになりました。50%の割増賃金となると、かなりのコスト増となるため、実質的には60時間を超える時間外労働はできなくなると考えるのが普通でしょう（行なってもよいですが、それでは採算性が悪化し、ビジネスとしては成立しにくくなります）。

　このルールが設定されることにより、私は飲食業界で以下のようなことが多発すると予測しています。

- 新店オープン時など、できる人に仕事が集中する環境では、60時間超えの時間外労働が発生することが考えられ、その場合、開店景気での収益獲得に水を差す要因となる

- 給与計算や労働時間計算（シフト管理）などのソフト、アプリケーションの買い替えなどシステム投資が必要になる

- 人がきちんと確保できないと、わずかな利益を削る要因となり、赤字経営になる危険性が増す

飲食業界としての対処法としては以下のようなことが考えられます。

【王道】
> ③の【王道】対策と同じ。
・8つのムダの改善を開始
・ワークサンプリングの実施など科学的手法を用いた作業の簡素化、効率化の検討開始
・業務が「仕事のできる一人」に集中しない環境づくり

【どうしても難しい場合】
> 売価の変更などにより客単価向上策を打ち、50％の割増賃金率に耐えられる損益安定化策の実施（ただ、高コスト運営になることから、事業の相対的競争力は低下が避けられないので、併せて価値アップをどのように図っていくのかを同時進行で検討する必要あり）

⑥ パートタイマーや契約社員などと正社員との待遇格差について、「同一労働同一賃金」の考え方に基づき、ルールが明確に定められました。

　最近よく話題に出てくる「同一労働同一賃金」ですが、飲食業界の方に話しを聞くと、「それは難しい」と嘆く方が多いです。ただ、2018年に「ハマキョウレックス事件」「長澤運輸事件」での最高裁判決が出て、流れが同一労働同一賃金の方向に一気に動き出しそうな状況ですので、これに対応していく必要がありそうです。実施時期が中小企業の場合2021年4月からとなっており、まだ若干の猶予がありますので、早めの準備を進めておくことをお勧めします。
　何が定められたのかを、特に飲食業界に影響が出そうな話だけに特化してまとめると以下の大枠2点の変更と、それに伴う内容の変更となります。

（大枠1）パートタイム労働法が「有期契約社員」にも適用されることとなった
(1) 正社員と比較し、不合理な待遇差を作ることを禁止することとなった
　　※不合理かどうかを判断する「軸」の主なもの
　　　・仕事内容（例：やっている業務の中身とその責任の度合い）
　　　・配置の範囲（例：人事異動などの違い）
(2) 正社員と比較し、差別的な取り扱いを禁止することとなった
　　※上記「軸」が同じであると判断される場合に
　　　・賃金
　　　・福利厚生
　　　・教育訓練　などでの差を作ることは禁止となった
(3) 待遇の差がある場合に、その理由を説明する義務を負うこととなった

> （大枠２）派遣社員に対しても対応が求められることになった
> (1) 以下のいずれかの待遇を確保すること
> 　　　・派遣先の労働者との均等、均衡待遇
> 　　　・一定の要件を満たす労使協定で定めた待遇
> (2) 派遣先の事業主（飲食店等）は、派遣会社に対し、今の店などでの通常の労働者の待遇に関する情報を提供すること

　このルールが設定されることにより、私は飲食業界で以下のようなことが多発すると予測しています。

> - 特に有期契約社員や派遣社員を活用している飲食業などでは、より正社員と同一労働か否かの確認、業務整理が必要となる
> - （特にこの内容はプロが判断したほうが、確実に区分けを作ることができますので、外部機関を活用することをお勧めします）

　飲食業界としての対処法としては以下のようなことが考えられます。

> 【王道】
> ➢ 「正社員と有期契約社員の違い」を定義づけるため、「有期契約社員」向けの就業規則を作成すること
> ➢ 「正社員と派遣社員」の待遇の違いについて整理、確認し、派遣社員の処遇について法違反がないようにしておくこと

　ここから先は飲食業界では導入しているところが少ないと思われますので、簡単に説明しておきます。

⑦　産業医と企業との結びつきを強めるような方向性が示されました。

　大型の店舗や、飲食企業の本部で 50 名以上の従業員を常時使用する事業所では、産業医を任命しなければならないルールが以前から設定されていますが、この産業医を有効に活用できているかと言えば、？がつくところも多いのではないでしょうか。大方、法に定められているので、仕方なく産業医を任命し、書面上のやり取りだけで済ませているところも少なくない印象です。

　ただ、今後、飲食事業を続けていく中で、過労リスクやメンタル疾患リスクを避ける意味でも産業医と上手に付き合っていくことが大切になってきます。

　具体的に企業など事業者が求められる行動は大きく以下の 5 つとされます。

- 産業医に長時間労働者の情報などを提供すること

- 産業医から得た勧告を社内の衛生委員会（50 名以上の従業員を常時使用する事業所に設置）に報告すること

- 産業医の業務内容などを労働者に周知すること

- 労働者の健康管理に必要な情報の取り扱いはあくまで、労働者の健康確保に必要な範囲にとどめ、取り扱いを慎重に行うこと

- 労働者の健康情報の取り扱いについて適正に管理するための措置を図ること

⑧　フレックスタイム制度のルールが変わりました

　飲食業の現場で、フレックスタイム制を活用しているところは少ないでしょうが、本部などでは活用しているところもあるかと思われます。その運用について、従来より規制が緩和されています。

　清算期間と呼ばれる、いわば労働時間の総枠について、今までは「1か月」とされていたものが法改正後は「3か月」となります。

　これは飲食企業の本部などでは活用を検討してもよい項目になったという印象です。例えば、決算日前後1か月は、本部も業務が過多となり、時間外を発生させずに勤務を行うことは難しい状況になることでしょうが、フレックスタイム制の清算期間が3か月ということになれば、業務過多の2か月とそうでない1か月を組み合わせ、業務過多の2か月で労働時間が長くなってしまったとしても、3か月の総枠で規定の労働時間をオーバーしなければ、時間外労働手当は発生しないことにできるわけです。

　この運用を行うためには、就業規則の見直しや人事制度の変更が必要になることが考えられます。合法的に労働時間運用を柔軟化させたいと考える場合は、プロに相談していただき、ベストな選択を検討することが大切でしょう。

⑨ 「高度プロフェッショナル制度」が新たに作られました

　飲食企業でこの制度が該当になりそうな社員を抱えているケースはほぼないでしょうが、稀に「経営企画」や「新規事業企画」など頭脳系の仕事を行い、労基法上の管理監督者に該当しない社員で年収が1075万円を超える人が存在した場合、活用できるもので、年104日の休日を設定さえすれば、労働時間規制を受けなくなる制度です。

　現実問題として、この制度を店長やエリアマネジャー（地区長）クラスに設定することは厳しいでしょうし、それ以上となれば、通常は労基法上の管理監督者として時間外労働の法規制から外れる扱いをしているケースが圧倒的でしょうから、この制度を導入するまでもないでしょう。私から見れば、運用は例外中の例外の社員のみということでしょうし、大勢には影響しないものと考えています。

　いかがでしょうか。
　この項での記載内容は、あくまで飲食店経営をされている方向けにわかりやすくお読みいただくため、実際の働き方改革関連法の内容のうち、飲食店経営者にとっては縁遠い内容は割愛するなど、すべては網羅しておりません。また、言葉もわかりやすく変えているため、多少の認識の相違が生じることがありますが、その点はご容赦いただければと存じます。

イラスト、図版、表、作成・©2018 YourCompass co.,ltd.

中武篤史（なかたけ　あつし）

1971年大阪生まれ。
大学卒業後、株式会社キンレイ入社。和食チェーン店「かごの屋」の展開初期から関わり、店長、エリアマネジャーに携わった後、株式会社日本マンパワーで人材教育、指導のプロとして学びを得る。
その後、株式会社キンレイに復職後は社内の教育体系整備に奔走し、営業企画、人材開発、店舗支援業務に従事した後、関西営業部長、執行役員総務人事部長を歴任。
2012年に独立し、株式会社ユアコンパス代表取締役社長、フードビジネス人事労務総合研究所（社会保険労務士事務所）所長。ORA大阪外食産業協会が運営するORA大阪外食産業大学店長マネジメントコース講師。
飲食業専門の人事系経営コンサルタントとして、「飲食業界の働き方改革」をテーマに、人材の新規採用促進、人材の定着化（退職予防）、生産性改善や助成金による経営の安定化、多店舗展開のしくみづくり、労務トラブル解決、衛生管理指導、IEによる労働時間削減、店長やSVへの教育研修の実施など、総合的サポートを行い、わかりやすい指導と、的確なアドバイスで毎年顧問先数を増やしている。
現場たたき上げということもあり、飲食業界の現場にも明るく、ユアコンパス調理師試験合格対策講座を2013年から開講し、これまでに全国各地で延べ1000名以上の合格者を輩出。
2017年には、飲食業界が分からない社会保険労務士を180名集め「飲食業における人事労務管理のポイント」を指導。飲食業界と人事労務分野をつなぐ活動に奔走中。
主な取得資格として、社会保険労務士、中小企業診断士、第一種衛生管理者、調理師など。
著書として「いま求められる『草食系リーダー』のための"や・わ・ら・か・指導術"（2014年、みらいパブリッシング）」

人事労務顧問　～貴社の「人」への悩みを解決に導く

毎月1回貴社をご訪問し、社内の「人」に関する問題発生を予防し、解決するためのアドバイス、ご指導を行います

⇒　事業運営上の「安心」を手に入れることができます

このようなご相談を多く頂いています

- ✓ 人が定着しない
- ✓ 労務トラブルがあり、相談に乗ってほしい
- ✓ 労働生産性を改善したい（業務のムダの発見）
- ✓ 賃金額が適正か確認したい
- ✓ 就業規則を作成しなおしたい
- ✓ 今の顧問先は変えられないがセカンドオピニオンになってほしい

など

サポート内容により費用は異なります。
詳細はお問い合わせください。

店長・SV教育　～貴社の「人」を成長させる

貴社のご要望に沿い、適切な管理者教育を実現します

⇒　事業の「業績改善・向上」に寄与できます

例えば、このようなご要望に基づき、教育指導を行っています

- ✓ スーパーバイザーに対し、1年に12冊の本を読ませ、プロの目から見たレポート添削を行ってほしい
- ✓ スーパーバイザーと訪店チェックに同行し、見るべき視点を指導してほしい
- ✓ 店長会議に出席し、外部の目から見た指導を行ってほしい
- ✓ 同行訪店を行い、店長に直接指導を行ってほしい
- ✓ 店長に対し、労務知識、法的知識を教え、トラブルを予防したい

など

サポート内容により費用は異なります。
詳細はお問い合わせください。

助成金・補助金獲得支援 ～貴社の「財務」を安定させる

貴社の事業内容を確認しながら、獲得できる補助金、助成金を提案し、資金面からのサポートを行います

　⇒　経営・財務上の「安心」を手に入れることができます

補助金・助成金を獲得することで・・・

✓ 経済産業省管轄の「補助金」、厚生労働省管轄の「助成金」をうまく組み合わせることにより、返済不要資金による財務の安定化が図れ、投資にも積極的に対応しやすくなります
　（投資なくして、事業成長は図れません）

※株式会社ユアコンパスは中小企業庁が認定する「経営革新等支援機関」です
　保証協会保証料の減免、補助金獲得のサポートなど、強力支援ができます

サポート内容により費用は異なります。
詳細はお問い合わせください。

プレゼントのお知らせ

本書に掲載されている帳票データ集（本文中★が付いたもの）**を Excel または Word 形式にて進呈いたします！**

プレゼント獲得のための条件

ユアコンパスのメールマガジン
「飲食店繁盛のための人材活用52週チェック」
　　　　　　　　　購読のための登録をお願いします。

毎週1回（日曜日）に、翌週取り組むべき人材活用のチェックポイントを配信します。
　✓ 社内・店内の目標設定や施策の確認に
　✓ 朝礼や会議のネタなどに
　✓ 週間マネジメントの一環として
ご活用いただける記事を配信していきます。

以下のURLにて「メールアドレス」「氏名」「企業名または屋号」「本の感想100文字以上」を入力してください。

| メールマガジン登録URL | http://urx.blue/KHc4 |

登録メールアドレス宛に、帳票データ集をお送りいたします。ぜひご活用ください。

2018年9月15日　初版第1刷発行

外食ビジネス人材活用15のポイント
人手不足は仕事の「見える化」で解消！

著　者 Ⓒ　中武篤史
発行者　　脇坂康弘

発行所　　株式会社 同友館
〒113-0033 東京都文京区本郷 3-38-1
TEL03-3813-3966　FAX03-3818-2774
https://www.doyukan.co.jp/

三美印刷　松村製本所
企画協力　城村典子
制作　ポエムピース

落丁・乱丁本はお取り替えいたします。
ISBN978-4-496-05374-0 Printed in Japan

本書の内容を無断で複写・複製（コピー）、引用することは、
特定の場合を除き、著作者・出版社の権利侵害となります。